協働する学校図書館〈小学校編〉

―子どもに寄り添う12か月―

はじめに

〝共同〟ではなく〝協働〟、あまり見かけない言葉かもしれませんが、近ごろでは「先生と協働して学校図書館を活用する」とか「授業での図書館との協働」など、学校図書館にかかわる言葉としてしばしば目にするようになりました。

私は学校図書館の司書になって二十年を超えたところですが、この本は私のささやかな経験の中から、どのように一年間の図書館経営を行っているか、先生と〝協働〟をしてきたかの経験をまとめたものです。

とはいっても、私の勤務校は最初から図書館が授業で活用されていたわけではありません。〝協働〟が動き出したのにはきっかけがありました。

十年ぐらい前、本書の解説を書いてくださっている鎌田先生が学習資料部（本校の校務分掌で、図書館とコンピュータ室の運営管理の部門です）の担当になり、こんなことをやってみようとおもしろいことを提案されたのがきっかけでした。その「おもしろいこと」は一つや二つではありません。〝協働〟で行った具体的な中身については本文をお読みいただければ、と思います。

一人の先生と始まった〝協働〟から、普段司書の立場でしか見ていなかった学校教育を、担任の（あるいは授業を担っている）先生の立場から見ることができるようになりました。また逆に、私の仕事を、教員の立場からだけでなく、司書の立場に立って見ていただき、そこからの助言もいただくことができるようになりました。

私のように長く勤務してきた者は、今では自分の身の丈に合ったところからやればいいと思えるようになりましたが、司書になったばかりの方たちだったら、きっと「どうやったら先生と協働できるのだろうか？　忙しくしておられる先生に声をかけるのさえ躊躇《ちゅうちょ》しているのに」とか、「授業で何をしているのかさえわからないのに、どうやって授業と連携できるのだろう」とか、焦りや戸惑いを感じられるかもしれません。

この本は、そのような方たちに一つの学校図書館の例として読んでいただいて、ぜひ参考にしていただきたいという気持ちで書いたものです。

本書の構成は月ごとにまとめるという形にしています。始まりは三月です。学校は四月から始まりますが、子どもたちにとって大事な四月の準備を万全にするためには、三月を最初に持ってくるのがいいのではないかという思いから、このような構成にしました。毎月の活動の意義については鎌田先生に解説を書いていただきました。巻末には実際に使用した書籍のリストも挙げておきました。ご活用いただければこれにまさる喜びはありません。

なお、本校では図書館は多様な資料に対応する読書センター、学習情報センターであるということから、「メディアルーム」という言い方をしています。本文中にありますメディアルームという部分は読者の方々の学校に合わせて、図書館あるいは情報センターなどと読み替えていただければと思います。

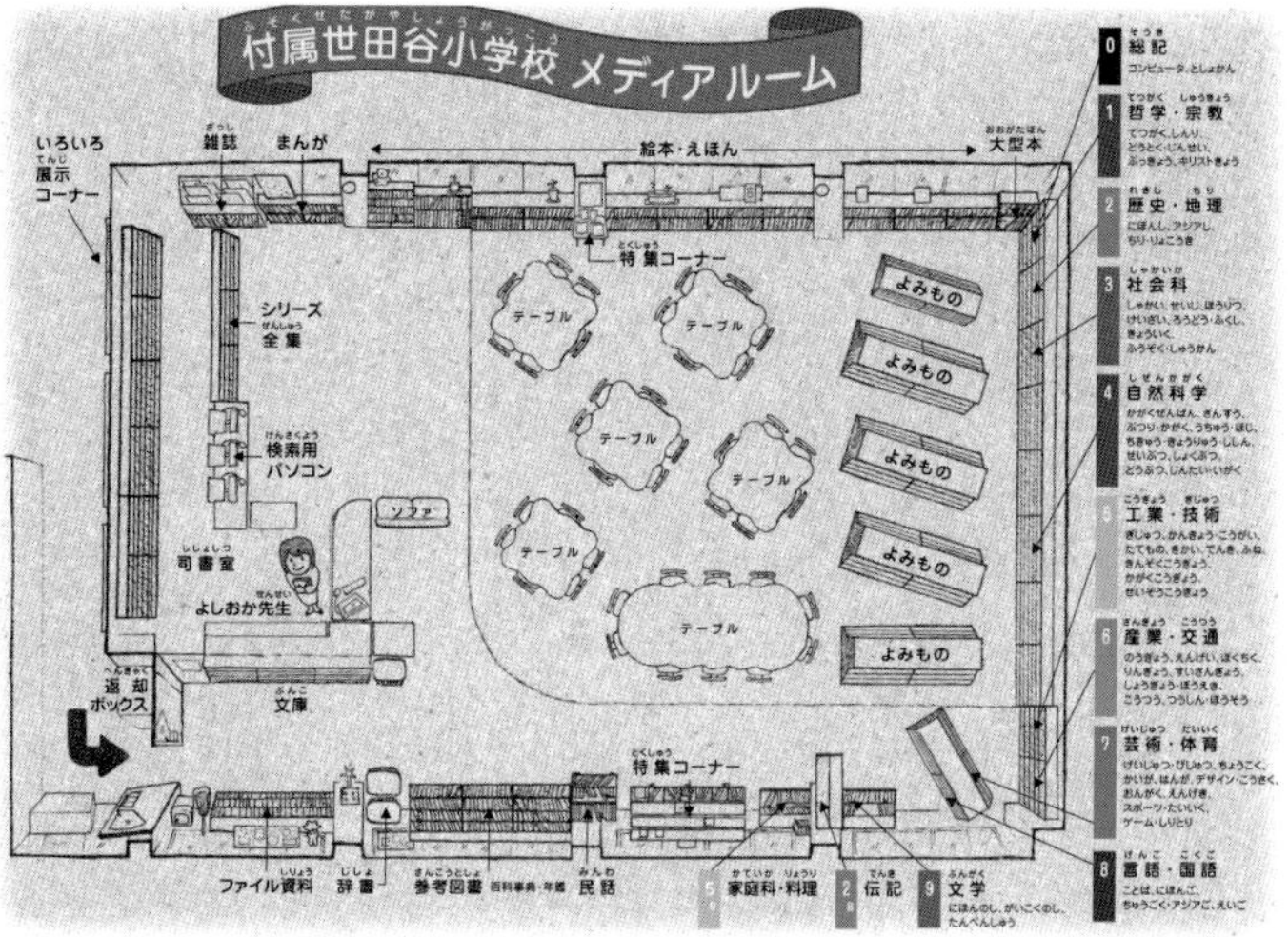

もくじ

各月の解説 執筆者：鎌田和宏

学校図書館の12か月

３月の学校行事／図書館活動

《学校行事》
・卒業式
・終業式
・修業式

《図書館活動》
・年間計画
・蔵書点検
・ファイル資料の収集
・卒業生へのプレゼント
・新年度への準備

年間計画

三月は学年末ですが、四月に向けての準備はこの時から始めています。ですから新年度は三月に始まると言ってもいいでしょう。

本校では新年度に向けてどんな活動計画を立てていくか、司書教諭と相談してメディアルーム経営案（年間計画）を作ります（一四ページ参照）。これは各学期が終わった段階でもう一度見直していきます。

経営案を作るためには教科書を読み、学習内容について知ることが大切です。子どもたちの調べ学習に寄り添うために必要なことです。学校図書館で教科書を購入できればいいのですがなかなかそろえることができない学校も多いと聞いています。そうした学校では、単元一覧を手に入れるといいと思います。これは各学年の年間指導計画で、この時期に教育委員会に提出される教育課程に含まれています。教務の先生からいただいてはどうでしょうか。春休み中ですと、手に入れられない教科書を借りて読んでおくこともできます。

蔵書点検

貸し出しは二月いっぱいにしています。三月は全員に本を返却してもらい、蔵書点検をします。子どもたちがどんどん本を返却すると、今まで空いていた書棚に入りきらなくなってきます。書棚の上に並べ、テーブルに積み上げ、それでも置けなくて床に並べることもしています。蔵書点検はバーコードを一冊一冊バーコードリーダーで読んでいきます。この時に本棚の整理も同時に行っています。整理をしてからバーコードを読むほうがやりやすいことに何度かやっているうちに気がつきました。

蔵書点検が終わったころ、本の廃棄も行います。本当は、毎年購入している本の冊数分ぐらい廃棄しないと書棚に入りきらないのですが、あまり読まれなくてもこの本はとっておきたいとか、資料として必要だなどと思い、書棚を巡りながら悩んでいます。

4年	5年	6年	子どもを迎える準備
・メディアルームのオリエンテーション （冊子を作り詳しく説明する） ・自分の読書記録を読書ノートに記入 説明を聞く。 ・連続でお話の本 ・移動教室から帰ってブックトーク「4年生 10歳」を聞いて自分を振り返る。 ・教科書に出ている作者の本	・メディアルームのオリエンテーションは5年生向けで行う。 ・オリエンテーションで聞いたことが身につく。 ・自分の読書記録を読書ノートに記入 ・始めの1冊→次の1冊選んだ本の進展を知る。	・メディアルームのオリエンテーション ・10冊の本チャレンジ ・10冊の本を班で類別に分類をする。 10分類を確認 ・歴史のブックトーク展示 ・自分の読書記録を読書ノートに記入 ノンフィクションの冊子を配布	・低・中・高学年の3種類の図書新聞を月1回のペースで発行 ・図書館クイズ ・季節の本、作家別の本など ・教科書に沿った展示 ・季節の飾り
・新美南吉の本をさがす。 （国語でごんぎつねの単元） ・ブックトーク「ゴミ」 ・上級生にすすめる本の帯作り ・ブックトーク「男の子･女の子」保健の授業と協働	・夏休みの読書について話す。 休み時間の利用者が増える ・グループでブックトークを作る。 ・環境についてのブックトーク（国語の単元から）	・新聞作りで資料のさがし方など ・人の気持ちがわかるかな？本の紹介 ・『たくさんのふしぎ』を読む。 ・『たくさんのふしぎ』の次の本	・ハロウィーンの飾りをする。 ・収穫の秋の展示 ・クリスマスの飾り
・『手と心で読む』で、点字や手話の本と出会う。		・小学校で読んできた本を思い出そう。 ・卒業の前に6年間の、本の記録をあげる。	正月の展示 節分の展示 ひな祭りの展示

平成 21 年度　メディアルーム経営案

各学級がメディアルームを優先的に利用できる『図書の時間』を週１回設けている。

読書指導、メディアルームの利用指導、図書紹介、読み聞かせ、自由読書、図書の貸し出し・返却などを行う時間として位置づけられている。

調べ学習については、必要な時に利用できるような環境を作り、ルールを守れるように指導していく。

	子どもに伝えたいこと	１年	２年	３年
一学期	メディアルームの利用指導 ☆本の分類について、配架は、少しずつ行う。 （4門の自然科学から行う） 楽しいところ 調べるところ 休むところ（ほっとできる）	・入学から１か月は学級教室に司書が読み聞かせに行く（出前読み聞かせ）。 ・自分で選んで本が借りられる。 ☆「お相手さんとの図書の時間」２年生が図書の先生 ・おもしろい本、お気にいりの本を読む。 ・えほんの読み聞かせを聞く。 『昆虫図鑑』を使って情報リテラシーを学ぶ初めの一歩① 「どくしょノート」を配布	・メディアルームの使い方（マナー、貸し出し、返却の確認） どくしょノートに読んだ本を記録 ・書架の位置を確認し、本の配架を知る。 ・おもしろい本、お気に入りの本を読む。 ・リテラシーを学ぶ① ・えほんの読み聞かせを聞く。	・メディアルームの使い方、調べる本の用い方 ・自分の読書記録を読書ノートに記入する。 100冊用の読書ノートになる ・調べる本（分類されている）の分類の仕方、配架を知る。 ・辞書を使う。 ・本の読み聞かせはお話の本を連続でする。
二学期	（低学年） 本を楽しもう。 （言葉を楽しもう） （中・高学年） 教科でやっていることをブックトークで広げよう。 大学から教育実習生が来る。 授業をするためにメディアルームの使い方のオリエンテーションをする。 調べ学習をしよう。	・言葉を楽しむ本を読む。（言葉遊びのブックトーク） ・友だちの返した本を借りる。 ・先生に読み聞かせをしてもらった本を自分で読む。 『昆虫図鑑』を使って情報リテラシーを学ぶ初めの一歩②	・２年生向けの言葉遊びのブックトークをする。言葉遊びを一緒にする。 ・図書の時間を快適にするため、みんなで整理や後片づけをする。 ・メディアルームで秋さがし ・「おてがみ」のブックトーク	・「さんねん峠」を国語でやった後に、ブックトークやほかの民話について。 ・お気に入りの本のキャッチコピーを作る。
三学期	学校図書館以外の図書館に行ってみよう。 お正月についての本紹介 いろいろな本を楽しもう。 お話作り、えほん作り	・節分の本の紹介 『昆虫図鑑』の復習 『植物図鑑』を使って	・節分の本の紹介	・社会科で学んだ水についてのブックトーク ・節分の鬼についてブックトーク（？）

※経営案は学校行事やその年の状況によって変わってきています。経営案は３月から４月初めに作るものなので、何度か変更があります。また、日常的な指導は書き込んでいません。

ファイル資料の収集

三月になると、学級の様々なものを整理する時期に差し掛かります。そのころ、職員室にダンボールを置きます。朝の打ち合わせの時と職員会議でアナウンスをして、いらなくなった社会科見学や校外行事等のパンフレットや資料、使わなくなった教科書、資料集など捨てようと思っているものを入れてもらうよう先生たちにお願いをしておきます。もちろん重複するもの、古すぎて使えないものは後で処分しますが、このようにしておくとたくさんの宝物が見つかります。特に、卒業していく学級はいろいろ残してくれます。

普段も様々な機会にファイル資料を収集していますが、年度末にそれらをカテゴリーごとに分けてファイル資料として別置します。

ファイル資料は書籍になったものより新鮮な資料として、子どもたちの学習の補助教材になります。本校でも社会科見学や臨海学校の下調べなどで活躍しています。

卒業式に向けて

六年生は卒業に向けて秒読みとなってきました。いろいろなことをあっちでもこっちでも急ピッチに進めている姿を目にします。卒業の会の六年生としての出し物の練習をしたり、下級生のために残していくものをトントン作っていたり、学級で最後に行うお楽しみのための計画を立てたりしています。

六年生の忙しいであろう日々の中に、ぜひ最後の図書の時間を取ってほしいと、各学級担任にお願いに行きます。ここで私は二つのものを用意します。

一つは、六年生の各学級の子どもが一年生で初めて借りた本の一覧表です。本校では三年生と五年生になる時に学級編成が変わっています。しかし最後の二年間を一緒に過ごしたクラスメイトの一年生のころの思い出を共有することが楽しいかなという思いで行っています。出席簿順にＢ４の紙に氏名と借りた本の表紙を並べて書き配布します。これは「図書新聞特別号 六年○組限定版」というように作ります。

子どもが最初に借りた本が何か友だちにわかっては…、とこだわる方もいらっしゃるでしょうが、この点については三月早々に行われる六年生最後の保護者会でお話をし、保護者からは拍手で承認をいただきました。

子どもたち自身も、もらうとすぐに見入り「えっ、こんな本読んだっけ」と言ったり、「この本まだあるかな？」と書棚をさがしたり、大騒ぎになります。特に近ごろ行くことのなかった絵本の棚に行って見つけるとうれしそうに読み始める子どもたちもいます。「これ覚えてるなあ」と感慨にふけっている子どももいます。「見て見て」と言って大騒ぎをしている子どももいます。

もう一つは、子どもたち一人一人に一年生の時から今までの本の貸し出し履歴をプリントアウトし、それをメディアルームの写真をプリントした封筒に入れたものです。たくさん本を借りた子どもの封筒はあふれそうにぱんぱんです。「おれ、あんまり借りなかったからなあ」と、薄めの封筒を持っている子どももいます。これは、私が本校に来る前から行われていたことを引き継ぎました。その当時は個人カードに書いて本の貸し出しをしており、そのカードを六年間保管しておいて全国学校図書館協議会で作っている「卒業おめでとう」の封筒に入れて贈っていました。

新年度への準備

蔵書点検をして、きれいになったメディアルームを新年度はどんなディスプレーにするか、コーナー展示や掲示を何にするかを考えます。普段より時間があるのでていねいな掲示ができます。

入り口も大事です。本校はメディアルームをリニューアルした時に鉄の扉になってしまいました。緑色の両開きドアで、三角の窓がついています。重いのが難点ですし、鉄の扉の重さと冷たさを感じます。そこで、片側のいつも開けていないドアの窓に岡田淳の『雨やどりはすべり台の下で』（伊勢英子　絵）を拡大してポスターカラーで色を塗りました。今年はこのドアのイメージチェンジを行おうと思います。昨年もらった市川の学校図書館の司書さんたち作成の冊子には、木でできたアーチのような小学校の図書館の入り口が載っていました。あんなふうにできないでしょうか？　木の葉を色画用紙で作って木の幹は何で作ろうかなあ。図工の先生に相談しておもしろい入り口にしたいと思います。メディアルームの中も見直して見出しが古くなっているものなどを作り直します。

学校司書は一人職のことが多く、図書館のレイアウトもなかなか変えられないでいたり、どう変えたらいいかわからなくなったりします。いくつかの学校の司書が集まって一緒に考えると全く違ったレイアウトになって使いやすくなります。東京学芸大学の附属校では、現在各学校に司書が配置されています。ひと月に一回の割合で集まりを持っていますが、この会で相談したり研修をしたりしています。

本校でも数年前に司書さんたちに来ていただいてレイアウトを考えてもらいました。本棚は斜めにして入り口から入った時に書棚の本の背が見えるといいと言われ、斜めにしてみました。司書は本にかかわることが好きなのでみんなでワイワイ言いながら楽しんで行います。後でそれぞれの司書は自分の学校の図書館にも生かせることにも気づきます。

コラム　どんな資料を収集する？

司書に「図書館を作る時、何が一番大事ですか？」と聞いたら、「資料収集」と答えるでしょう。子どもたちが好んで読む本の収集は当然ですが、常にアンテナを高くして、子どもたちが知りたいと思ったときに使える本をそろえておくのはもちろん、その周辺の本を用意することも必要です。子どもたちの「知りたい」に答えるためには教科書を読んで、教科の単元を見ておくことも大事なことです。

二学期末、六年生は社会科で日本歴史の近現代史を学習していました。子どもたちは大久保利通と板垣退助の資料を求めてきました。子どもたちは江戸から明治にかけて大久保と板垣の目指す世の中を調べて新聞を作ったりしていました。このように限られた人物の伝記やこの時代の資料はいろいろそろえておく必要があります。子どもたちの中にはかなり歴史が好きな子どももがいます。そんな子どものためにも、一般向けのものを購入することがあります。このようにすると厚みがある資料収集ができます。

図書館が使われる教科は自然に豊かな資料がそろいます。子どもや先生が「こんな本はありませんか？」と言ってくることで購入していけますし、書店でさがすこともできます。直接、先生たちにメディアルームの本を見ていただくこともあります。三月の終わり近く、空いた時間をみはからって、先生たちにメディアルームに集まってもらいます。全員というのはなかなか難しいのですがなるべく多くの先生が集まれる日を選びます。

その日には、前もってテーブルごとにＡ４判ぐらいの大きさの紙に「図工」や「音楽」、「理科」などのように教科を大きく書いて置いておきます。集まってきた先生たちにはメディアルームにある本を全部見てもらい、それぞれの教科の授業で使える本を書架から取り出してもらいます。分類別で見るだけではなくできるだけすべての棚を見てもらいます。取り出した本は教科別のテーブルにどんどん置いていってもらいます。時には、私が気になっている本を持っていって「これはどうですか？」と尋ねます。先生たちに選んでもらった本は、テーブルごとにデジタルカメラで写しておいて、後でゆっくりとリストにします。

こうしたことを、二、三年に一度行うことにより、どんな本が自分の学校図書館にあるかを先生たちにじっくり見てもらえますし、私自身も教科ごとにどんな資料が足りないかを把握することができ、次年度に向けて資料収集への計画を立てていくことができます。

また、学校図書館が子どもだけでなく先生たちにも提供できる資料をそろえていくのだという姿勢を示すことにもなると思います。

ような環境・運営の工夫をしているということである。この基本方針のもとに、一番右の欄に「子どもを迎える準備」として学校図書館主催の行事や掲示などの環境構成をどうしていくのかが示され、各学期にそれぞれの学年がどのように利用していくのか、図書の時間で行われるものや教科の時間に行われるものか一覧できるようになっている。

経営案の作成にあたっては、前年度の活動の反省に基づいて、学校司書·司書教諭·図書主任·図書館担当教員が協議して作成していくことが重要である。その過程で管理職にも参画してもらえるようにしたい。また、この経営案は実践する年度の前に「仮の計画」として立てられるものであることも強調しておきたい。学校図書館活用の可能性が広がる場面があり、対応可能であれば計画されていないからなどとは考えずに柔軟に対応していくことが大切である。よって、この経営案は随時見直し修正されながら用いていくことが重要である。本書では学期ごとに見直していることが読み取れる。また、学校図書館活動を評価するための評価情報の収集についても考えておきたい。これについては2月の解説の項を参照されたい。

3月に行われていることでもう一つ注目しておきたいのは、ファイル資料の収集である。ファイル資料は調べ学習を展開していく上で極めて重要な資料である。予算が限られている学校図書館では収集にも制約が出る。教師は担当学年を変わることが多いが、その学年で学習されることは大きくは変わらない。社会科見学等でもらったパンフレットや教師が集めた資料、教科書等、様々な資料を無料で収集することができる。

新年度に向けた計画作り

本書の１年は３月から始まっている。新年度に向けて事前に取り組んでおかねばならない年間計画作りについて触れながら、６年間の学校図書館利用のゴールイメージを最後の図書の時間の授業風景で示している。多くの子どもたちが本に親しみ自分たちの成長を喜び合う場として学校図書館が位置づいているのである。

新年度の学校図書館経営に向けて教育課程の届け出に合わせ学校図書館経営案（計画）を作成する。学校図書館経営案作成のプロセスを通じて連携の可能性について検討・相談することができるのがその利点である。大部のものを作られるところもあるがＡ３判１枚程度のコンパクトなものでもよい。

経営案（P.14、15）を見ると、はじめに経営の基本方針が書かれている。ここでは、図書の時間の設定と内容が示されている。東京学芸大学附属世田谷小学校では各学級がメディアルームを優先的に利用できる時間が設定されている。しかし、使用しない場合や空いている時間帯は柔軟に使用できるように、随時調整が行われている。その図書の時間では利用指導、読み聞かせ、図書紹介やブックトーク、自由読書等が行われる。もちろん、本の貸し借りもその時間で行われる。３点目に示されている「調べ学習については必要な時に利用できるような環境を作り」ということが重要である。各学級で利用されている時でも、調べ学習のために利用できる

４月の学校行事／図書館活動

《学校行事》
- 入学式
- 始業式

《図書館活動》
- 先生への働きかけ
- 図書館始動
- 図書館オリエンテーション
- 出前読み聞かせ

先生への働きかけ

年度の始まりは新しい先生が必ずいらっしゃいます。子どもたちが「今年は」と抱負を持って新しい学年になったと同じように、どの先生も、今年担任する学級にこんなことをしようという抱負を持っていらっしゃいます。

四月初めの職員会議には「おとなの図書新聞　番外編」というものを配ります。副題には「よりよい『吉岡《ししょ》』のつかい方」と書きました。先生方への図書館オリエンテーションの代わりになると思います。これは以前大阪府で司書をしていらした清水先生のものをまねして作りました。

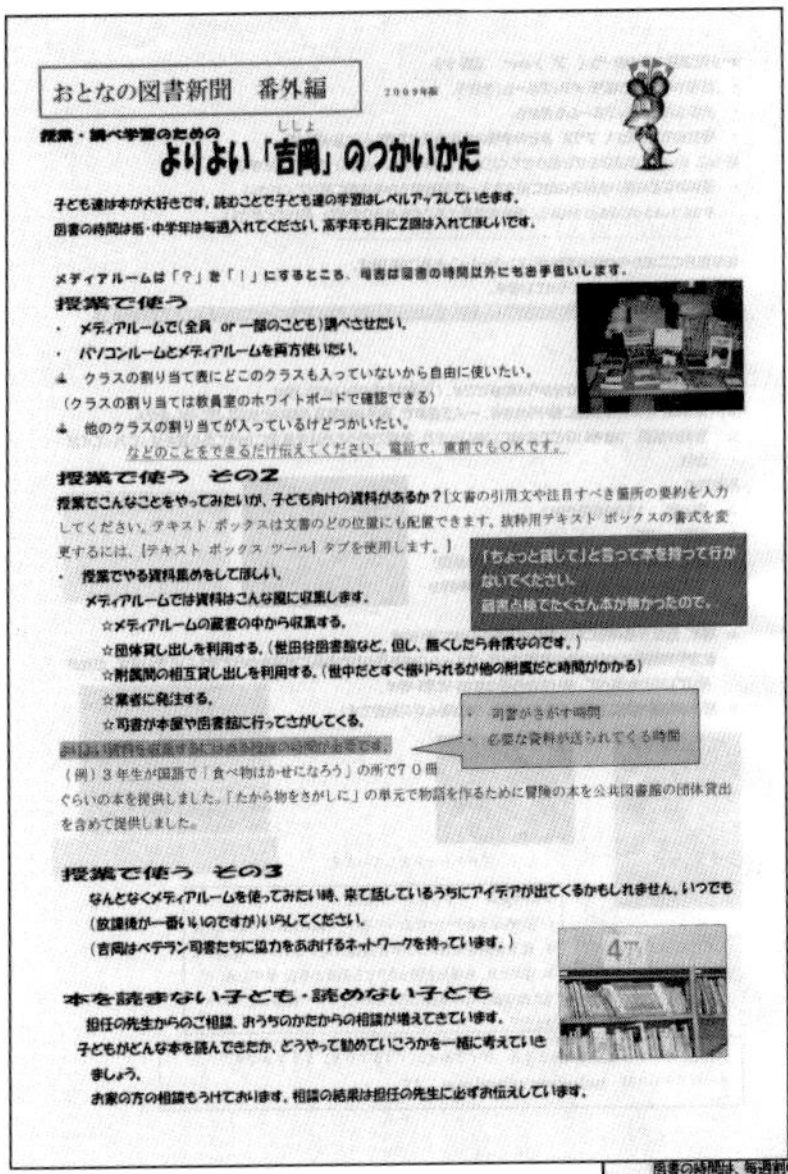

おとなの図書新聞　番外編　2009年版

授業・調べ学習のための
よりよい「吉岡《ししょ》」のつかいかた

子ども達は本が大好きです。読むことで子ども達の学習はレベルアップしていきます。
図書の時間は低・中学年は毎週入れてください。高学年も月に2回は入れて欲しいです。

メディアルームは「？」を「！」にするところ。司書は図書の時間以外にもお手伝いします。

授業で使う

- メディアルームで（全員 or 一部のこども）調べさせたい。
- パソコンルームとメディアルームを両方使いたい。
- クラスの割り当て表にどこのクラスも入っていないから自由に使いたい。
（クラスの割り当ては教員室のホワイトボードで確認できる）
- 他のクラスの割り当てが入っているけどつかいたい。

などのことをできるだけ伝えてください。電話で、直前でもＯＫです。

授業で使う　その2

授業でこんなことをやってみたいが、子ども向けの資料があるか？［文書の引用文や注目すべき箇所の要約を入力してください。テキスト ボックスは文書のどの位置にも配置できます。抜粋用テキスト ボックスの書式を変更するには、［テキスト ボックス ツール］タブを使用します。］

- 授業でやる資料集めをして欲しい。

メディアルームでは資料はこんな風に収集します。
☆メディアルームの蔵書の中から収集する。
☆団体貸し出しを利用する。（世田谷図書館など。但し、無くしたら弁償なのです。）
☆附属間の相互貸し出しを利用する。（世中だとすぐ借りられるが他の附属だと時間がかかる）
☆業者に発注する。
☆司書が本屋や図書館に行ってさがしてくる。

よりよい資料を収集するにはある程度の時間が必要です。

（例）３年生が国語で「食べ物はかせになろう」の所で７０冊ぐらいの本を提供しました。「たから物をさがしに」の単元で物語を作るために冒険の本を公共図書館の団体貸出を含めて提供しました。

「ちょっと貸して」と言って本を持って行かないでください。
蔵書点検でたくさん本が無かったので。

- 司書がさがす時間
- 必要な資料が送られてくる時間

授業で使う　その3

なんとなくメディアルームを使ってみたい時、来て話しているうちにアイデアが出てくるかもしれません。いつでも（放課後が一番いいのですが）いらしてください。
（吉岡はベテラン司書たちに協力をあおげるネットワークを持っています。）

本を読まない子ども・読めない子ども

担任の先生からのご相談、おうちのかたからの相談が増えてきています。
子どもがどんな本を読んできたか、どうやって勧めていこうかを一緒に考えていきましょう。
お家の方の相談もうけております。相談の結果は担任の先生に必ずお伝えしています。

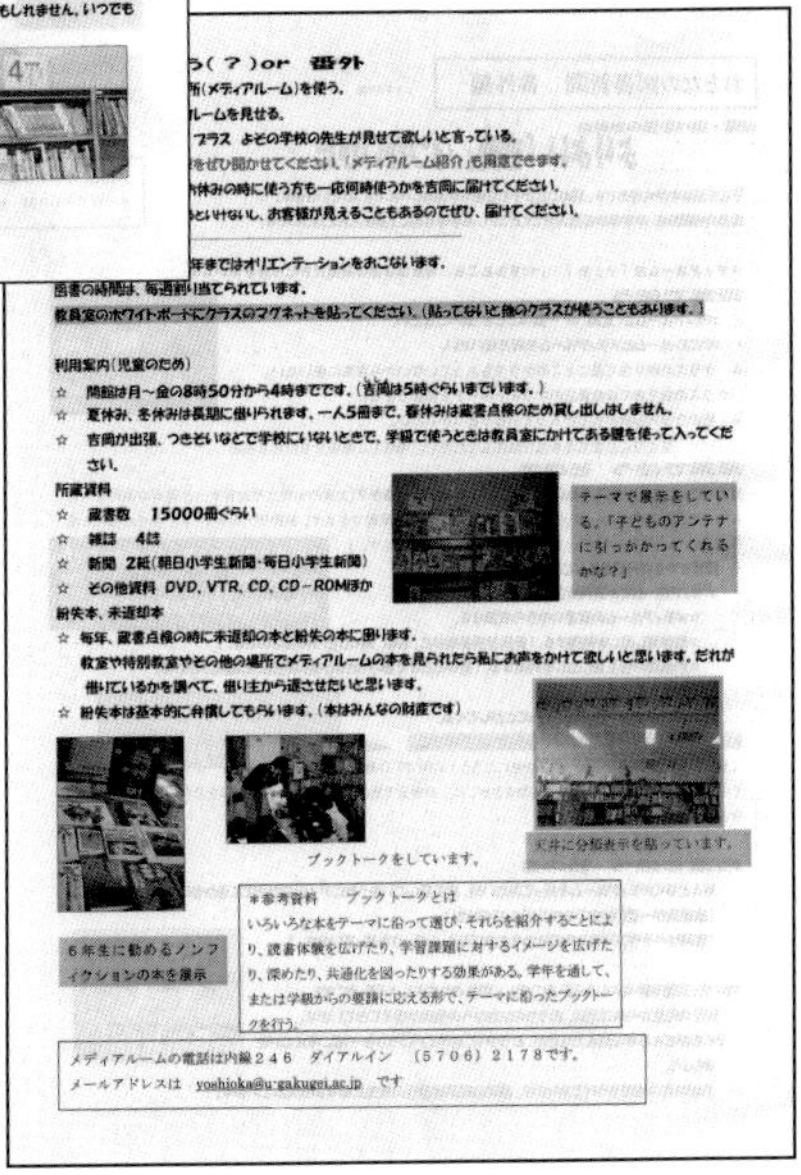

…う（？）or　番外
…所（メディアルーム）を使う。
…ルームを見せる。
…プラス　よその学校の先生が見せて欲しいと言っている。
…をぜひ聞かせてください。「メディアルーム紹介」も用意できます。
…休みの時に使う方も一応何時使うかを吉岡に届けてください。
…といけないし、お客様が見えることもあるのでぜひ、届けてください。

…年まではオリエンテーションをおこないます。
図書の時間は、毎週割り当てられています。
教員室のホワイトボードにクラスのマグネットを貼ってください。（貼ってないと他のクラスが使うこともあります。）

利用案内（児童のため）
☆　開館は月～金の8時50分から4時までです。（吉岡は5時ぐらいまでいます。）
☆　夏休み、冬休みは長期に借りられます。一人5冊まで。春休みは蔵書点検のため貸し出しはしません。
☆　吉岡が出張、つきそいなどで学校にいないときで、学級で使うときは教員室にかけてある鍵を使って入ってください。

所蔵資料
☆　蔵書数　15000冊ぐらい
☆　雑誌　4誌
☆　新聞　2紙（朝日小学生新聞・毎日小学生新聞）
☆　その他資料　DVD、VTR、CD、CD－ROMほか

テーマで展示をしている。「子どものアンテナに引っかかってくれるかな？」

紛失本、未返却本
☆　毎年、蔵書点検の時に未返却の本と紛失の本に困ります。
教室や特別教室やその他の場所でメディアルームの本を見られたら私にお声をかけて欲しいと思います。だれが借りているかを調べて、借り主から返させたいと思います。
☆　紛失本は基本的に弁償してもらいます。（本はみんなの財産です）

ブックトークをしています。

天井に分類表示を貼っています。

6年生に勧めるノンフィクションの本を展示

＊参考資料　　ブックトークとは
いろいろな本をテーマに沿って選び、それらを紹介することにより、読書体験を広げたり、学習課題に対するイメージを広げたり、深めたり、共通化を図ったりする効果がある。学年を通して、または学級からの要請に応える形で、テーマに沿ったブックトークを行う。

メディアルームの電話は内線２４６　ダイアルイン　（５７０６）２１７８です。
メールアドレスは　yoshioka@u-gakugei.ac.jp　です

おとなの図書新聞　番外編

図書館始動

新しい年度であることを意識して子どもたちが来る前に掲示や展示を用意しました。『たんぽぽ』平山和子 文／絵（福音館書店）の本の中にある根っこの長さ（八十センチを超える）をコピーして掲示しました。どこにでも生えているタンポポの根がすごく長いことをみんなで一緒に驚きたかったのです。そして二年生の国語の教科書に載っている『たんぽぽのちえ』のことも思い出しました。校庭にも道端にもたくさん咲いているタンポポをテーマの本としてコーナー展示も作りました。タンポポをテーマにした絵本やお話の本と植物の分類（47）のところに置いてあるタンポポの本を展示しました（一四三ページ参照）。

図書館オリエンテーション　パワーポイントを使って

小学校六年間で図書館活用能力を身につけてもらいたいという思いで毎年図書館のオリエンテーションを行っています。四月初めの図書の時間には必ず二年生から六年生まではオリエンテーションを行います。どうやったら宝（読みたい本、知りたいことが書かれている本）がさがせるかを新学期に知ってほしいからです。

オリエンテーションではパワーポイントを使っていますが、プリントだと子どもが置き忘れたり、なくしたりするからです。必要なことは繰り返し伝えるので、パワーポイントでも十分対応できます。

この時期は一年生はまだ学校生活が始まったばかりです。図書の時間も四月末になってやっと行われます。そこで一年生のオリエンテーションは、特別に行わないで二学期くらいから徐々に使い方の話をしていきます。

二年生にはオリエンテーションの時に、数冊の本（巻末にリストを掲載しました）の中から一冊を読み聞かせ、パワーポイントで作った図書館の大事なことを説明します。それは本が分類されて並べられていること、ラベルの数字は大きい色がついたものが類と呼ばれ、0から9までに分けられているといったことです。本は分類番号順に並べられていること、その番号は本の住所だから間違ったところに置くと本が迷子になって探せなくなってしまうことを話します。おもしろい本を探すには、掲示板の本の紹介や図書新聞を参考にしてほしいと言います。

三年生四年生もオリエンテーションを行った後、オリエンテーションで聞いたことを復習するように楽しみながら図書館クイズを行います。この図書館クイズは、もともと山形県の朝暘第一小学校で行っていたものを参考にしました。

五年生には参考図書の意味がわかるように百科事典や年鑑について話をします。

六年生では、『図書館ねこデューイ』ヴィッキー・マイロン 著／羽田詩津子 訳（早川書房）を紹介しながら、日本十進分類法を説明しました。この本はその後何人もの子どもたちに借りられました。このオリエンテーションを行った次の図書の時間に、六人ずつのグループにかごに入った十冊の本を配ります。この本はあらかじめ分類が見えないようにカバーをしておきます。「このかごの中にある本は、０類から９類までの本です。これを協力して０から９類まで分けて並べてみましょう」と言うと、子どもたちは一生懸命分類を始めます。「これはぜったい４類」と言って本をかかえている子ども、「これはきっと文学だな」と言っていたのに文学がまた出てきて困っている子ども、天井にはってある分類表を参考にしている子ども、昨年配った分類表をファイルの中からさがして見ている子どもと、様々でした。相談しながら分類をしたのち、ワークシートに書き込みます。この時間に行ったことが、いざ調べ学習という時に生きてくれることを願っています。

出前読み聞かせ

一年生は、四月入学当初はまだ、メディアルームに来ません。連休の直前ぐらいから毎週やって来ますが、入学当初は一年生が学校の中で知っているおとなは担任の先生などほんのわずかな先生だけです。そこで、四月二週目ぐらいに担任の先生に、そろそろ教室で読み聞かせをしたいと言って打ち合わせをして、数冊の本を持って学級に出かけていきます。これを出前読み聞かせと言っています。ここで子どもたちと顔を合わせると、この人はおもしろい本を読んでくれる人だと一年生に認知されます。学校の中や通学途中に会った子どもたちが「おはよー」とあいさつをしてくれるようになります。また、会うと「また、本を読んでね」と声をかけてきます。その時持って行く本が『**きょだいな　きょだいな**』長谷川摂子作／降矢なな絵（福音館書店）や『**おばけのいちにち**』（偕成社）などの長新太の絵本です。出前といっているのは、普段は図書の時間にメディアルームで読み聞かせをしているからです。

出前読み聞かせ

コラム

教職員向けの図書新聞

私は「メディアルームのドアはいつでも開いています。子どもたちにも先生にもいつでも使えます」「先生たちもどんどん使ってください」と言ってきましたが、実際に先生たちには、メディアルームに何を求めたらいいのか、図書館が何をしてくれるのかがうまく伝わっていないことに気がつきました。そこで、メディアルーム担当の先生と相談の結果「おとなの図書新聞」を毎月行われる職員会議で配ってもらうことにしました。

私は朝の打ち合わせには出ているものの、職員会議には出ていません。しかし私がメディアルームでどういう仕事をしているのかということを、先生たちにぜひ知ってもらいたいと思っています。そこで、「おとなの図書新聞」にはその月にやったこと、例えば、ある学級で行ったブックトークの内容、ある学級からの要望に従って集めた本のことなどを書きます。これは、メディアルームを活用した授業について発信するための機能もあります。

この新聞はカラーで印刷をして絵や写真を載せるようにしました。文字をたくさん書かず、短い時間で読めるものにしてあります。コラムとして必ずおすすめの本というものも書いています。ここには、子どもの本や教育関係の本からだけではなく、話題になっている本を取り上げることもあります。特別にカラーで印刷して配布するのは、よく読んでいただきたいからです。カラーで写真や絵をたくさん取り入れ、短い文章にしたことでそのねらいはあたったようです。この図書新聞は職員会議の資料として、教員室にファイル保存されています。

よく読んでいただいているせいでしょうか、時々先生たちから、「おとなの図書新聞」に載っていたようにブックトークをしてほしいとか、こんな本をそろえてもらえないだろうかというオーダーが来ますし、職員会議が終わってすぐ「あの本ある?」と尋ねられることもあります。おすすめの本のコーナーの本に興味を持たれた先生があると「成功!」と思います。

四月の職員会議では新任の先生のための広報として「おとなの図書新聞　番外編　―よりよい『吉岡《ししょ》』の使い方―」というのを配りました（二五ページ参照）。「授業で使う時にメディアルームではこんなサービスができます」というチラシのようなものです。これを見て、早速注文に来てくださる先生もあります。これは前述のように大阪の箕面市の司書さんの実践を参考にしました。

おとなの図書新聞　2009年

第6号　2009．10．8

実習生期間中だからでしょうか、子どもたちが落ち着きません。そんな時期だから図書の時間は貴重だとも思いました。ゆっくりとして、本の読み聞かせをして、貸し出しをすると低学年は特に少し落ち着いてきます。実習生には実習が始まってすぐにオリエンテーションができたので、図書の時間について、貸し出しについて理解をしているようです。

教育実習生

後期に入りました。前期の実習生は図書を利用してくれるクラスが数クラスありました。

1.　1年生の働く自動車
2.　2年生の海の中の生物
3.　2年生の障害を理解
4.　伝え合う（手話・点字・その他）

実際に授業のために利用したのは上記のものだと思います。
そのほかには、読み聞かせの本などのりようがありました。

学校図書館運営委員会

上記の会が立ち上がって３年目です。附属学校運営参事が委員長で、大学図書館、附属学校部、附属学校司書教諭・司書が参加しています。

この会では今年度は文科省に申請して認可された「学校図書館の活性化推進総合事業一教員のサポート機能強化に向けた学校図書館活性化プロジェクト」のために、「授業に役立つ学校図書館活用データーベース」の構築を業者を交えて行っています。

先生方にご協力をお願いする日も近いと思います。詳しいことはまた、後日お願いにあがると思います。

新しい本（科学の本）

司書はほとんどの人が文科系なので自然科学に弱いとよく言われます。そういうわけでしょうか近頃科学読み物の研究会も盛んです。この夏も研修会の中で科学読み物を読む会に出席しました。
科学読み物は自然科学系が多いのですが、なかなか面白い本が多いのです。最近科学のえほんをたくさん購入しました。

切っても切ってもプラナリア
再生能力抜群の小さな生物

0.1ミリのタイムマシン
植物プランクトン、ケイソウの化石です。

ころりん
重さや大きさの違う缶を坂道で転がしたらどういう缶が速いか？

うみのダンゴムシ・ヤマノダンゴムシ
今、学校図書館では流行っています。

数字のモノサシ
100円のサンマから20円引いてもらって喜ぶ人が100万円のクルマから20円値引きさ

おすすめの本　着物のえほん
高野紀子／著　あすなろ書房

着物は自分で着られないし、着ない。でも、日本の民族
着物について知っておきませんかと、皮この本を購入し
どもむけですが、なかなかおもしろいです。着物の歴史
まい方まで出ています。日本の色も出ています。色々な
る本でしょう。

おとなの図書新聞

おとなの図書新聞　2010年

第9号　2010．1／14

2010年になりました。今年は国民読書年です。
近所の本屋さんが廃業しました。
近頃大手の本屋さんも必死のようです。本を読まない中高年が増えているそうです。もちろん若者も。
昨日のテレビによると新聞も読まれなくなっているそうです。

読売新聞の1月1日より

文字・活字文化振興法の制定・施行から５周年にあたる２０１０年を国民読書年とすることが０８年６月、衆参両院で採択された。決議では、読書への意識を高めるため、政官民が協力し、「国をあげてあらゆる努力を重ねる」とうたっている。読書力や言語力の向上を目指す民間団体「文字・活字文化推進機構」（会長・福原義春資生堂名誉会長）は決議を受け、推進会議を発足させた。

同機構では国民読書年へ向けた計画案として、子どもの言語力を育てるために学校図書館の蔵書を増やし、新聞の配備も進めることや、障害者・高齢者の読書環境を整備するための「読書バリアフリー法」の制定などを掲げている。

キャッチフレーズは、「じゃあ、読もう。」。

◆　国民読書年の国会決議

「国民読書年に関する決議」が、平成20年（2008年）6月6日に衆参両院全会一致で採択されました。この国会決議では「文字・活字文化振興法」の制定・施行5周年にあたる2010年を「国民読書年」に制定し、政官民協力のもとで国を挙げてあらゆる努力を重ねることを盛りこんでいます。

当機構では、その報告集会を同6月16日に千代田区・憲政記念館講堂で開催しました。

トラの本をコーナー展示

かいじゅうたちのいるところ　の映画
モーリス・センダックの『かいじゅうたちのいるところ』が映画化されました。まだ見ていませんが、この絵本は子どもたちが好きな絵本です。ナンセンスですが、なかなか楽しい絵本です。

近頃、有名な物語や小説が映画やドラマになることが多いのはなぜでしょうか？

電車の中で司馬遼太郎を読んでいる人がたくさんいます。

おすすめの本　船に乗れ！１～３

藤谷治／著　JIVE

芸大附属高校の受験に失敗して私立の音楽高校に通うチェロを弾く少年の話から始まります。

『読売新聞』（11月8日朝刊）、『本の雑誌』（12月号）、『王様のブランチ』（TBS系11月14日放送）などで紹介されましたし、『ダ・ヴィンチ』のプラチナ本に選ばれていました。

連携への働きかけは、はじめが肝心

新年度が始まる４月は、子どもも教師も「新年度には！」と様々なプランを胸に秘めている。極めて忙しい時期だが、様々な取り組みがスタートするからこそ協働への働きかけが大切である。３月に作成した学校図書館経営案を生かす場である。

先行実践に学び「おとなの図書新聞　番外編」で学校図書館ではどのようなことができるのかをアピールしている。学年はじめのオリエンテーション実施や、利用指導、読み聞かせ、ブックトーク、資料支援等々、学校図書館が支援できることを一覧にして示しておくことは大変重要である。学校で実施する教育課程は前年度末に編成されるが、実際は新年度正式に配置された教師の考えで具体・詳細が決定・実行されていく。だからこの時期のアプローチが大切なのだ。

学校図書館の利用に関する指導は、学習指導要領の特活領域、学級活動で示されており、年度初めのオリエンテーションに異を唱える先生は少ないはずだ。オリエンテーションの際に、利用の方法やきまりの指導に加えて、本の分類やさがし方、参考図書の利用方法といった利用指導の入り口を指導することが有効である。これは教師に対し学校図書館に何ができるのかを示すデモンストレーションの意味合いもあるのだ。

５月の学校行事／図書館活動

《学校行事》

・運動

・保健行事

《図書館活動》

・運動会の書籍紹介

・保健行事との連携

・高学年へのブックリスト①

・読書ノート

運動会で連携する

本校では運動会は毎年五月末にあります。五月の連休明けから競技の練習や、ダンス、演技の練習を各学年が始めます。次第に学校の中が運動会色になっていきます。

五月の連休が終わるとすぐに月末の運動会に向けて練習が始まります。一年生はまだまだ学校に慣れていないこの時期に、二年生のリードでダンスの練習を始めます。高学年は毎年行われるソーラン節を六年生が五年生に教えています。演技を練習しながら、リレーの練習や競技の練習にも力が入ってきます。どうやったら玉入れの玉が入るかを研究している二年生は一年生に一生懸命教えます。中学年で行う競技をこそこそと秘密練習している光景も目にします。この時期には子どもたちの気持ちが運動会に向かっているのでコーナー展示をするのも「運動会」がテーマの本です。

コーナー展示

コーナー展示はテーマに沿って本の展示をします。大きなコーナー展示は雑誌用の配架棚を購入して大きなテーマで展示するスペースとしています。ここは二週間程度で変えるようにしています。小さなコーナー展示としては丸テーブルにテーマで展示していますが、冊数の少ないものなどの展示として使い分けています。

この時期、大きなコーナー展示では運動会をテーマに、小さなコーナー展示では走ることをテーマに本の展示をしました（一四四ページ参照）。

運動会はみんなが協力して作っていくもので、勝つことが目標ではなく、みんなが一緒に楽しんで目標に向かうことだと思ってくれることを願っています。

保健行事と連携する

四月から五月にかけて健康診断が行われ、学校の保健行事が続きます。そこで養護教諭との連携を考えました。

図書館の大展示（上）と小展示（下）の例

対象は四年生です。四年生は学校の中でも立ち位置が高学年に近くなっています。いろいろな学校の活動にも参加することができるようになってきます。しかし、まだどこかおぼつかない足取りで五年生六年生に交じっている感じがします。思春期へ向けての体の変化はほとんどまだまだですが、気持ちのほうではいろいろ興味が出てきて、体のことを知りたくなってきます。また、言葉だけ知っていてやたらと性的な言葉を使う男の子を見かけることがあります。図書の人間の体の棚（分類番号49）に置いてある『**女の子の心とからだ**』や『**男の子の心とからだ**』（いずれも北村邦夫 監修／ＷＩＬＬこども知育研究所編著（金の星社））などをこっそり友だちと見ていることがあります。でも、決して借りていこうとはしません。

そんな話を養護教諭にしました。すると、「体が変化をする前に二次性徴の話をしたいと思っていました。ぜひ、図書の時間と保健の時間を二校時分取って、図書の時間には本を中心に話し、次の時間には体のシルエットを比べることから始める、二次性徴の授業はどうでしょう」ということになりました。そこで私は本を選んでブックトークをすることにしました。担任の先生たちとの細かい打ち合わせもしました。

ブックトークはこんな本を使いました。まず『**おんなのこってなあに？ おとこのこってなあに？**』ステファニー・ワックスマン 文／山本直英 訳（福音館書店／品切れ）。これは写真絵本です。「髪の毛が長いのは女の子？　この子は髪が長いけど男の子です」「女の子は泣くといいますが男の子が泣いています。女の子はスカートをはく？　このクラスはほとんど女の子がズボンをはいています」というように写真を見せながら始めました。違いは何だろうと投げかけますが、四年生になると恥ずかしさも出てきて声に出しては言わなくなります。『**おっぱいのひみつ**』柳生弦一郎 文／絵（福音館書店）を取り出すと「うわっ」という声が聞こえてきました。「おっぱいはなんのためにあるのかな？　男の人にもあるし、おすもうさんのおっぱいは大きいよ。でもおっぱいは出ません」と言いながらページを繰って行きます。次に「体の上から順番に言うと、次はおへそです」と言って『**おへその　ひみつ**』柳生弦一郎 文／絵（福音館書店）を見せました。

『おっぱいのひみつ』もこの『おへその　ひみつ』も体の不思議についてわかりやすく書かれています。赤ちゃんがお母さんのおなかにいる時どうやってお母さんと結びついていて、栄養や酸素はどうやってもらうか、いらないものはどうやって処理するかなど、子どもたちもよくわかったと思います。そしておへそはどうやってできたか、具体的に図があるのでわかりやすいと思います。

次に「その下へ行きます」と言って『**おちんちんのえほん**』山本直英 文／佐藤真紀子 絵（ポプラ社）を見せました。ここでプライベートゾーンの話をしました。本の後半部分には男の人の命の素《もと》や女の人の命の素《もと》の話が出ています。そして、赤ちゃんができて生まれるところまでがやさしい絵で表現されています。恥ずかしそうに顔を半分隠しながら聞いていた男の子や女の子もいましたが、次の保健の時間には静かにビデオを見てお話を聞いていたので成功のようです。

六年生へのおすすめ

ある日、国語の教科を研究する先生から、六年生にノンフィクションの本を読ませてほしいという注文が来ました。学校で購入しているノンフィクションの本は、なかなかおもしろいものがあるのですが、表紙が地味だったり、題名がおもしろそうに感じられなかったりします。どうやったらいいかを考えた結果、「6年生に読んでほしいノンフィクション50冊」という冊子を作りました。これは、毎年改訂しています。ぜいたくですが、印刷はカラーにして表紙を色刷りしています。それぞれにあらすじを載せます。こうして作ったものを五月末ごろに配布します。普段プリントしたものがたくさん配られていますが、これは永久保存版だと思ってもらうために、カラーにしたり、いい紙を使ったりします。

この冊子を配る前後に、「6年生にすすめる本　10冊チャレンジ!!」というプリントを配ります。フィクション、ノンフィクション、ファンタジーなどの本が混在していますが、

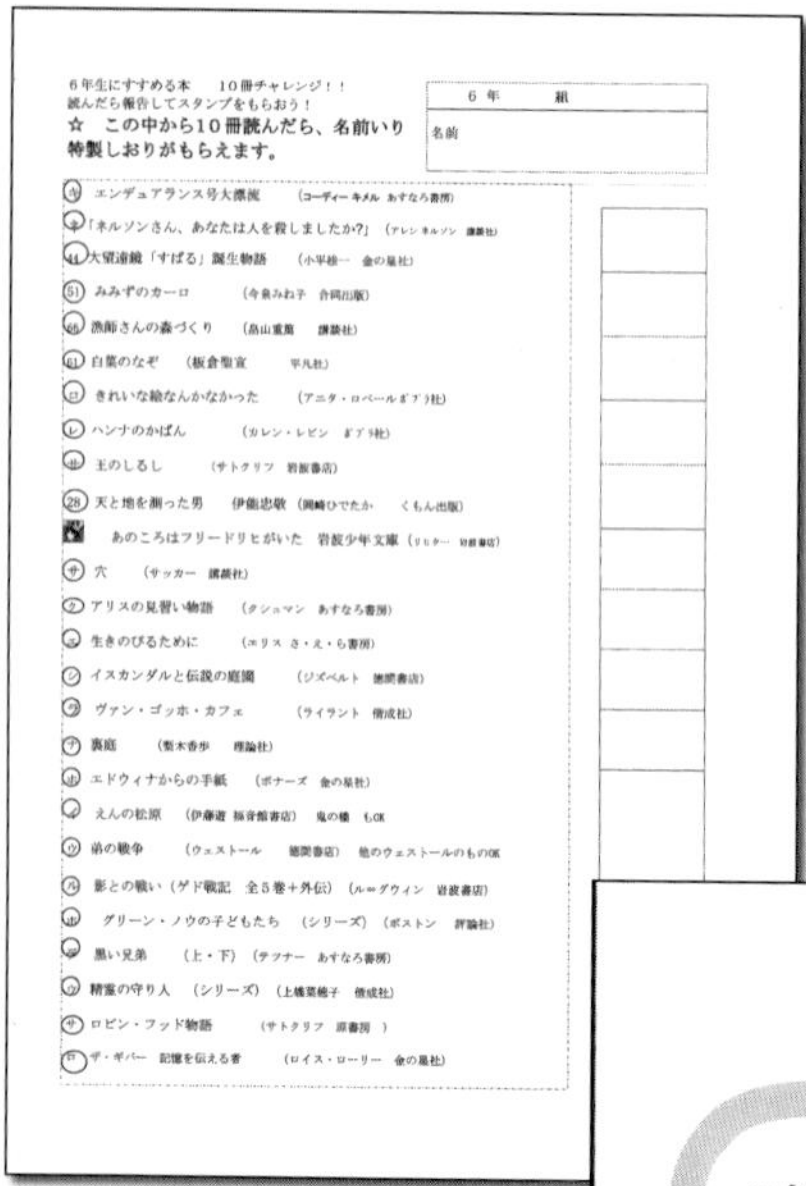

6年生にすすめる本　10冊チャレンジ！！
読んだら報告してスタンプをもらおう！
☆　この中から10冊読んだら、名前いり特製しおりがもらえます。

6年　組
名前

- エンデュアランス号大漂流　（コーディー キメル　あすなろ書房）
- 「ネルソンさん、あなたは人を殺しましたか?」（アレン ネルソン　講談社）
- 大望遠鏡「すばる」誕生物語　（小平桂一　金の星社）
- みみずのカーロ　（今泉みね子　合同出版）
- 漁師さんの森づくり　（畠山重篤　講談社）
- 白菜のなぞ　（板倉聖宣　平凡社）
- きれいな絵なんかなかった　（アニタ・ロベールポプラ社）
- ハンナのかばん　（カレン・レビン　ポプラ社）
- 王のしるし　（サトクリフ　岩波書店）
- 天と地を測った男　伊能忠敬　（岡崎ひでたか　くもん出版）
- あのころはフリードリヒがいた　岩波少年文庫（リヒター　岩波書店）
- 穴　（サッカー　講談社）
- アリスの見習い物語　（クシュマン　あすなろ書房）
- 生きのびるために　（エリス　さ・え・ら書房）
- イスカンダルと伝説の庭園　（ジズベルト　徳間書店）
- ヴァン・ゴッホ・カフェ　（ライラント　偕成社）
- 裏庭　（梨木香歩　理論社）
- エドウィナからの手紙　（ボナーズ　金の星社）
- えんの松原　（伊藤遊　福音館書店）　鬼の橋　もOK
- 弟の戦争　（ウェストール　徳間書店）　他のウェストールのものOK
- 影との戦い（ゲド戦記　全5巻＋外伝）（ル＝グウィン　岩波書店）
- グリーン・ノウの子どもたち　（シリーズ）（ボストン　評論社）
- 黒い兄弟　（上・下）（テツナー　あすなろ書房）
- 精霊の守り人　（シリーズ）（上橋菜穂子　偕成社）
- ロビン・フッド物語　（サトクリフ　原書房　）
- ザ・ギバー　記憶を伝える者　（ロイス・ローリー　金の星社）

6年生にすすめる本
10冊チャレンジ!!

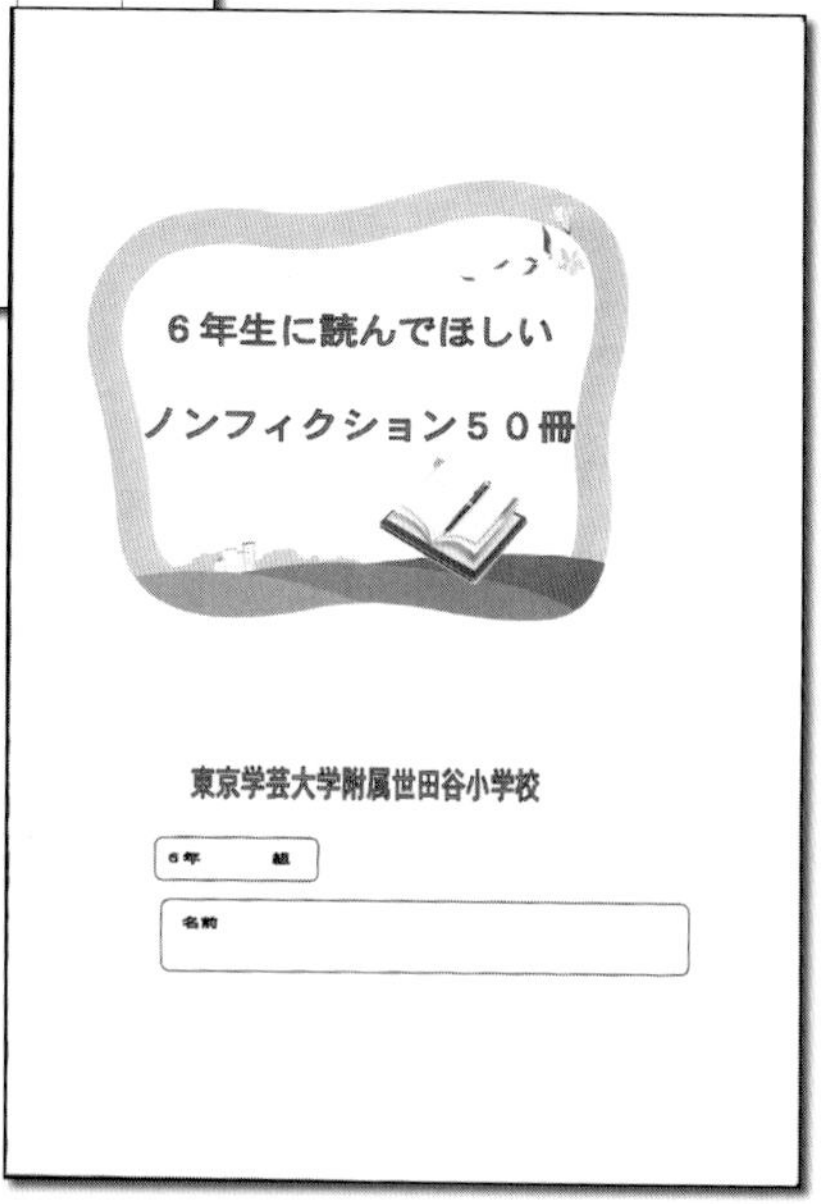

6年生に読んでほしい
ノンフィクション50冊の表紙

六年生にとって少々ハードルが高い本を三十冊以上取り上げてリストにし、スタンプが押せるスペースも作りました。

これを作ったのは、読む本がかたよっていたり、本の選び方がわからなくて読書を楽しめない子どもたちがいたからでした。読書に浸る喜びを知ってほしいです。子どもたちに読んだ後の達成感を持ってほしいとも思っています。

リストの本は小コーナーを作って並べておきます。子どもは一冊読むと、この用紙を持ってきて簡単に主人公や内容について私とおしゃべりをし、スタンプを押してもらいます。このスタンプが十個たまると、名前入りしおりがもらえます。ゲーム感覚で、今まであまり読んだことのないものにもチャレンジしようという気を起こさせるためのプリントです。一年かかってしおりをもらった子ども、数か月でもらった子どもなどいろいろですが、読むものの視野が確実に広がったと思います。

こういう活動をする時、担任の先生との相談はもちろん事前にしていますが、ＰＴＡでおうちの方にもお話をするようにしています。

読書ノート

メディアルームがコンピュータ管理になった時、貸し出し、返却がスムーズにはなりましたが、個人の記録が子どもの手元にないことを不便に感じました。読書の記録を書くノートがあるといいなあと思い、学年の先生方と相談して作ることにしました。

はじめは高学年用でＡ５判のものを作り（後に中学年も使用）、百冊の本が記入できるものにしました。きちんとノート形式になったもので、簡単な感想が書けるものです。数年後に一年生の担任の先生の協力で一、二年生向けの大判（Ｂ５判）の読書ノートを作りました。低学年用を作成するにあたっては、本の題名と著者名を書く欄のほかに、分類を書く欄も設けました。というのも、子どもには最初から分類を教えているからです。このほか、一年生はそれほど字が書けないので、絵を描く部分も作りました。

この読書ノートには簡単な書誌情報を書くことになっています。本について書く時に、書名、著者名、分類を書くことで、自分がどんなジャンルの本を読んでいるか、どんな作家の本を一番読んでいるかがわかるようになります。

また、読書ノートを書くことで、読みっぱなしにすることなく、振り返ったり、自分の考えをまとめたりすることもできます。長い感想文を書くのではありません。もし毎回そんなことをしていたら、きっと本嫌いになってしまうでしょう。

もちろん書きたいことがあると、小さな字でたくさん書いてくる子どももいます。

「まあちゃんはおかっぱです。はあちゃんとみいちゃんはかみの毛のじまんがすきです。

まあちゃんは、はあちゃんとみいちゃんよりもっとのばしたいっていってたからはやくのびるといいねといってくれました。ぼくも一番すきなおともだちのいいところをみつけて人にいいことします」。

二年生のすすむ君の読書ノートです。『**まあちゃんのながいかみ**』たかどのほうこ 作（福音館書店）について、ていねいな字でびっしり書いてありました。朝からこんな素敵なメッセージを読んでいい気持ちになりました。すすむ君の読書ノートはいつも素敵な感想が書いてあります。『**クワガタと少年**』大村あつし 作（クレオ／品切れ）については、「この本は、だいじなことをおしえてくれるお話です。よかったなぁと思ったのは『少年とクワガタムシはどっちも足が一本ずつないけれどちゃんとしてないとかふつうじゃないなんていちどもおもったことないよ』と言ったところです。もしぼくが少年だったら、こんなことをいえないなぁ。少年はおじさんにぜったいに、このことをおじさんにしってほしかったからゆうきを出していったんだよなー」とありました。

かよちゃんは三年生のとき、『**キツネ和尚と大フクロウ**』富安陽子 作／長野ヒデ子 絵（あかね書房）を読んで「私のみのまわりにも動物が化けた人がいたらおもしろいな。この後、キツネおしょうと大フクロウはどうなったのかな？」と書いていましたが、四年生の今では読書ノートは八冊目の後半になっています。読んだ本が七百冊を優に超えているのです。

低学年用
どくしょノート
Ｂ５判

最終ページにどんなジャンルの
本を読んだか振り返るためのグ
ラフのページがあります。

中・高学年用
読書ノート
A5判

5月でもう一つ注目したいのが読書指導に関することである。読書ノート＝読書記録の実践は、子どもの読書指導にとっても重要な取り組みだが、教師と連携する意味でも重要である。４月末から５月にかけて読書週間でイベントを設けて取り組んでいる学校も多いだろう。附属世田谷小学校の読書ノートは低学年版と中・高学年版に分かれている。読書記録であるから、書誌情報の記録が中心である。感想等は強制的に求めないことが肝要である。感想を書かなければならないことが障壁になり、読書から遠ざかってしまっては本末転倒である。しかし、子どもたちが感想を書きたくなるような仕掛けは重要である。低学年版には書誌情報を書く以外に、自由に記述する余白が大きめに取られている。文章に限らず絵を描くことも可能にしてある。その子にとって読んだ本がよいものであり、心が動かされるものであれば何らかの行動が起きるものだ。絵を描いて一言添える子どもは多い。そういった低学年期を基礎に中・高学年版では書誌情報に２行ほどのコメントを書けるスペースが用意されている。このような記録をつけていると、教師は子どもの読んでいる本の傾向をつかむことができる。ノンフィクションを読ませたいという教師からの要望も日ごろの子どもの読書ノートに目を通す中で醸成されてきた問題意識からも発しているはずである。高学年の子どもにはぜひともノンフィクションの本をすすめたい。それまで本とは疎遠であった子どもが読書に親しむきっかけを作ってくれる。そのためには本文中で紹介されているようなブックリストを作りスタンプラリーを仕掛けることも有効であろう。

行事と学校図書館をつなぐⅠ

新学期の多忙さも黄金週間で一段落。学校図書館の日常的な活動が本格的に始まるのがこの時期である。5月で注目したいのは行事・授業との連携・協働の動きと読書指導についてである。

5月では運動会・保健行事を取り上げ、行事との連携について示されている。授業時数の確保が重視される昨今、行事はできるだけコンパクトに行おうとする傾向が強いが、運動会は子どもにとっても見通しが持ちやすく、また結果もわかりやすく示されるから、自然と取り組みに力の入る行事である。そんな時期の学校図書館は閑散としているかというとそうではない。学校図書館の側から運動会へとアプローチし、多様な本の展示等で子どもや教師を呼び込んでいるのである。

保健行事・保健指導の授業との連携・協働は、ぜひとも考えていただきたいものである。思春期の子どもたちの体と心の変化についての授業事例が扱われているがほかにも多くの可能性がある。学校では新学期に行われる検診や測定をはじめとする多くの保健行事が行われる。その際には養護教諭が家庭への協力依頼や説明、子どもに対して測定や検診の意義を伝えたり等するプリントが配布されることが多い。こういったところから、養護教諭が持つニーズをくみ取り、学校図書館が学習・情報センターとして支援できることは何かを考えることが重要なのである。

6月の学校行事／図書館活動

《学校行事》

- ・プール開き
- ・遠足
- ・移動教室

《図書館活動》

- ・「水泳」の本の紹介
- ・教科書掲載の本の紹介
- ・移動教室の行き先の資料展示
- ・高学年へのブックリスト②

プール開き

運動会が終わると梅雨のじめじめした季節がやって来ます。雨の合間は湿気が多く、休み時間には校庭に出て遊べないからか、子どもたちは汗を滴らせて飛び込んできます。メディアルームでは冷房をかけ始めたからでしょう。

六月に入ると同時に六年生がプール掃除をして、プール開きが行われます。水のシーズンがいよいよ始まります。でも夏休みまで何回プールに入れるでしょうか？学年によってはよく雨が降る日にあたってしまいます。

近ごろは水泳を習いに行く子どもが以前より少なくなったのでしょうか、プールがある日に浮かない顔をした子どもを時々見かけます。反対に選手養成コースのようなところに通っている子どももいますが。泳げない、水が苦手という子どもたちに「やってごらん」と、少し背中を押してあげたい気持ちから小さいコーナー展示を作って本を並べました。水泳がテーマです。このときに、泳ぐコツを書いた本も並べるのですが、人気がある『**ＤＩＶＥ!!（ダイブ）**』森絵都作（講談社）も一緒に並べました。低学年用には『**すいえい大とっくんわるいとのさまをやっつけろ！　らくだいにんじゃらんたろう**』尼子騒兵衛 作・絵（ポプラ社）も選びました。オリンピックで活躍した北島康介の本なども並べてみました。子どもたちに読んでみてと言ってすすめてみました。

遠足

本校では六月は行事が立て込んでいます。三年生は横浜のズーラシアに遠足でした。ここには日本の動物園の中でもなかなかいない珍しい動物がいます。オカピです。この動物を見るとどうしてもドリトル先生を思い出してしまいます。次の図書の時間にドリトル先生の物語を紹介しようと思いました。まだ、自分で読むのには大変な子どもたちがほとんどでしょうが、挑戦のきっかけになるかもしれません。

五年生の遠足は足柄山ＰＡＡ21というところです。長いことバスに乗る五年生はバスの中でやるレクリエーションのためなぞなぞの本や、早口ことばなどをさがしにやって来ていますが、「早口ことばの本はないよ」などと言い合っています。「早口ことば」という題名の本はないのに、コンピュータ検索で題名の部分に「早口ことば」と入力する子どもがいます。そんな時は「言葉の本をさがすなら、まず、８類の棚を見るのよ」と、アドバイスをします。

また、コンピュータで検索する場合でも、調べたいキーワードは「題名」ではなく、「件名」に入れるのだと伝え、一緒にやってみます。このような機会をとらえて分類や検索の方法を教えていくと子どもたちはよくわかるようです。

一年生は二年生と一緒に近くの駒沢公園へ歩いていきます。これは歩いていく遠足なので「小さな遠足」といっています。秋にバスで行く遠足の練習のようなものです。二年生の先生から「遠足に行くので、遠足をテーマにした絵本を教えてください」という依頼が来ました。遠足の本はいろいろありますが、『せとうちたいこさん　えんそくいきタイ』長野ヒデ子 作（童心社）、『えんそくバス』中川ひろたか 文／村上康成 絵（童心社）、『こぎつねキッコえんそくのまき』松野正子 文／梶山俊夫 絵（童心社）、『あしたえんそくらんらんらん』武田美穂 作／絵（理論社）、「つんつくせんせい」シリーズ　たかどのほうこ 作・絵（フレーベル館）などを知らせました。子どもたちにも図書の時間に遠足の本を読み聞かせたりすすめたりしました。

教科書に掲載された文 出典・参考になる図書

以前、教科書に関連する本の一覧を作ったことがありました。単元ごとに掲載された文の出典、関連する本、参考になる本を表にしたのです。ところがその一覧表を参考にして本を借りていく子どもはありませんでしたし、先生方にも利用されることはほとんどありませんでした。

そこでコーナー展示をしてみることにしました。コーナー展示はいろいろな切り口で行っています。五月の運動会が終わって、落ち着いて学習することができる六月に、小さなコーナー展示として「国語の教科書に掲載されている物語から」という展示を行いました。

国語の単元に関連した本の展示

三年生には「けしごむころりん」が入っている岡田淳の『ふしぎの時間割』（偕成社）、『めだか』杉浦宏（著）の参考の図書として、『科学のアルバム　メダカのくらし』草野慎二著（あかね書房）を展示しました。

四年生には「新聞記者になろう」という単元から『新聞をつくろう』大沢和子・原正・長谷川孝　著（さ・え・ら書房）と『こちら「ランドリー新聞」編集部』アンドリュー・クレメンツ　著／伊東美貴　訳（講談社）を並べました。これはフィクションですが学級新聞を作ることから表現の自由と報道することの責任が書かれています。

五年生は、「五月になれば」加藤多一（著）が教科書書き下ろしだったので、同じ作者の『遠くへいく川』中村悦子　絵（くもん出版）を並べました。

六年生は、俳句と短歌の本を置きました。

このように、並べておくと必ず借りられていきます。時々、教科書に関連する本を展示するのもいいものだと思います。

使用教科書は三年生・五年生は教育出版、四年生・六年生は光村図書

臨海学校に向けて

夏休みに入ると臨海学校が始まります。六年生、五年生の順で学校の施設がある千葉県

の房総半島の千倉に行くのが恒例です。それに先駆けて、四年生は移動教室という名のもとに六月半ばに同じく千倉に行きます。初めて親元を離れる四年生の子どもたちは緊張しています。

メディアルームでは移動教室に向けて気持ちを高めていくためにコーナー展示を行いました。四年生にとって、準備は大変です。移動教室では、子どもたちが自分で決めて行う活動が多くあります。自分たちで計画を立て、グループ作りをし、必要な準備をして、楽しもうというのがねらいです。六月に入るとすぐ、どんな活動をしていくか話し合うことが毎日のように行われます。そこはどんなところか、何ができるかの情報が必要です。千倉という海辺の町は調べるのもたいへんです。千倉の町の地図や情報は町の観光課からもらってきた資料を紹介します。これは便利な資料です。海で遊ぶための本もそろえました。磯遊びをするための本、釣りの本もこのころは借りられていきます。

五年生に「10冊チャレンジ」

六年生には毎年「10冊チャレンジ」といって読み応えのある少しハードルの高い本のリストを配っています（三九ページ参照）。これは必ずやらなくてはいけないものではなく、チャレンジしてみませんかという気持ちで配っているものです。これの形を少し変えて五

5年　組　名前

5 年生におすすめの本 10 冊チャレンジ

この中から 10 冊読んで

① マチルダは小さな大天才　（ダール　評論社）
② 二分間の冒険　（岡田淳　偕成社）
③ ジャングルの少年　（セケリ　福音館書店）
④ だれも知らない小さな国　（佐藤さとる　講談社）
⑤ 秘密の花園　（バーネット　福音館書店）
⑥ 魔女ジェニファとわたし（カニグズバーグ　岩波書店）
⑦ お江戸の百太郎　（那須正幹　岩崎書店）
⑧ クラマ博士のなぜ　（山中恒　理論社）
⑨ ふたりのロッテ　（ケストナー　岩波書店）
⑩ ナタリーはひみつの作家　（クレメンツ　講談社）
⑪ 空へつづく神話　（富安陽子　偕成社）
⑫ ポビー――ミミズクの森をぬけて　（アヴィ　あかね書房）
⑬ はなはなみんみ物語（わたりむつこ　リブリオ出版）
⑭ わたしたちの帽子　（高楼方子　フレーベル館）
⑮ バッテリー　（あさのあつこ　教育画劇）

1
2
3 ヤッタネ！
4
5
6 スゴイ！
7
8 あと少し
9
10 ゴール

５年生におすすめの本 10 冊チャレンジ

年生にもやってみました。

学校図書館は教育機関です。子どもたちの読みをバックアップしていくことは大切なことです。読みやすい本ばかりを読みがちな五年生に、「こんな本もおもしろいから読んでみて」という気持ちで読み継がれてきた本をたくさん入れたリストを作りました。

リストはＢ５判にして、読書ノートにはさんでおけるようにしました。すると、思った以上に男の子が読んでいます。けん君はリストの中から『秘密の花園』（フランシス・バーネット 作）を読んだと言ってきました。リストには六年生のリストと同じようにスタンプを押す欄があります。けん君とも読んだ本についておしゃべりをした後スタンプを押してあげました。私が子どものころ大好きだった『ふたりのロッテ』（エーリッヒ・ケストナー 作）などは、近ごろあまり読む子どもがいませんでした。しかし、リストに載せたため、たくさんの子どもが読んでいます。けん君と仲良しのりょう君は今までは『崖の国物語』全十巻、外伝一巻 ポール・スチュワート作／クリス・リデル 絵／唐沢則幸訳（ポプラ社）や『女騎士アランナの娘アリーの物語』全四巻 タモラ・ピアス 作／本間裕子・久慈美貴 訳（ＰＨＰ研究所）など新作の長編ものばかりを読んでいました。かなり読書好きなだけに、けん君と一緒になってチャレンジリストの中からも読むようになってきました。

コラム　図書新聞

図書館にとって広報活動は大事なことです。

毎月発行している図書新聞は、テーマを決めて編集をしています。低学年向け、中学年向け、高学年向けと三種類の新聞を作っていますが、季節や人気のある作家、時には今月生まれの作家の本紹介というようなテーマで本の収集をし、それをもとに新聞作りをします。

図書新聞を作る時には、まずメディアルームの棚巡りをします。この本をぜひ今月紹介したいと思った時にはその本の主題をテーマにすることもありますし、今月の一冊として紹介することもあります。毎日のように本棚をながめていても、その日の思いと合致する本に出会えるかどうかは、なかなかスリリングです。きっと、子どもたちが本を借りるために棚巡りをしている時も同じようなのでしょう。

学校図書館はいろいろな形で子どもたちを本の世界へ案内しようとします。その一つが、図書新聞です。本校では、昨年度はこんな特集を組んでいました。

図書新聞特集テーマ一覧

月	低学年	中学年	高学年
4	おたまじゃくしのほん	ともだち	友だち
5	松岡達英さんのえほん	たんじょうび	誕生日の作家さん
6	あめふり	雨	雨降り
7	なつやすみにこんな本	夏休みおすすめの本	夏休みおすすめの本
9	月	メアリーポピンズのなぞにせまる	歴史読み物　1
10	バートンのえほん	たんていもの	歴史読み物　2
11	てがみ	手紙	手紙
12	見えるもの見えないもの	見えるもの見えないもの	見えるもの見えないもの
1	読みつがれてきた本	読みつがれてきた本	読みつがれてきた本
2	読まれた本 ベスト20	今年読まれた本 ベスト20	今年読まれた本 ベスト20

児童用図書新聞

2009. 11. 30
学芸大学附属世田谷小学校メディアセンター

としょしんぶん　7ごう

えほんを　たくさんよんでほしいと思います。えほんは、えらばれた　ことばを　つかって　かかれています。
2ねんせいは　えほんを　えらんでよくよんでいます。これはえらびかたが　よくわかってきているからだとおもいます。
12がつに　かけて　えほんを　たくさんよんでみませんか？

2年生は　メディアルームで秋さがしを　しました。秋の本をたくさんさがしました。。その中からしょうかいしましょう。1ねんせいも　よんでみませんか？

１４ひきのおつきみ
いわむらかずお（さく）　(い)
木の上におつきみだいができました。おつきみだいの上でごちそうをたべて、おつきみです。

あのね　かさいまり（作）
(か)
なかよしのともだちに　うそをついてしまいました。ともだちのもっているじどうしゃが　わすれられたのを　もってきちゃったのです。これは秋のおはなしです。

どんぐりロケット
早川純子　(は)
ヒックリーとカエルーはどんぐりがだいこうぶつです。きょだいなドングリを見つけた二人はロケットをつくることにしました。どんなぼうけんをしたでしょう。

どんぐりノート　(47)
このほんは　まるごとどんぐりです。どんぐりのたべかた、こうさく、あそびかた。

木の実の恐竜たち　中川圭子（著）　(75)
きのみをひろって　いろいろなものを　つくっちゃおう。
かっこいいきょうりゅうだって　つくっちゃおう。

ざぼんじいさんのかきのき
すとうあさえ　(す)
ざぼんじいさんは　けちんぼなおじいさんです。まあばあさんにくれるものははっぱや　えだです。

落ち葉　平山和子（え）　(47)
あきになると　おちばをたくさんみかけます。平山さんがかいた　おちばはほんのなかから　とびだしてくるように　すてきです。

いもほり　はまのゆか（さく）(は)
あきのひ、おじいちゃんのはたけで　いもほりをしました。やきたてのおいもはどんなあじかな。

サツマイモの絵本　(6)
さつまいもをそだてるくふう、食べかたのことなどいろいろさつまいものことがわかります。

低学年用

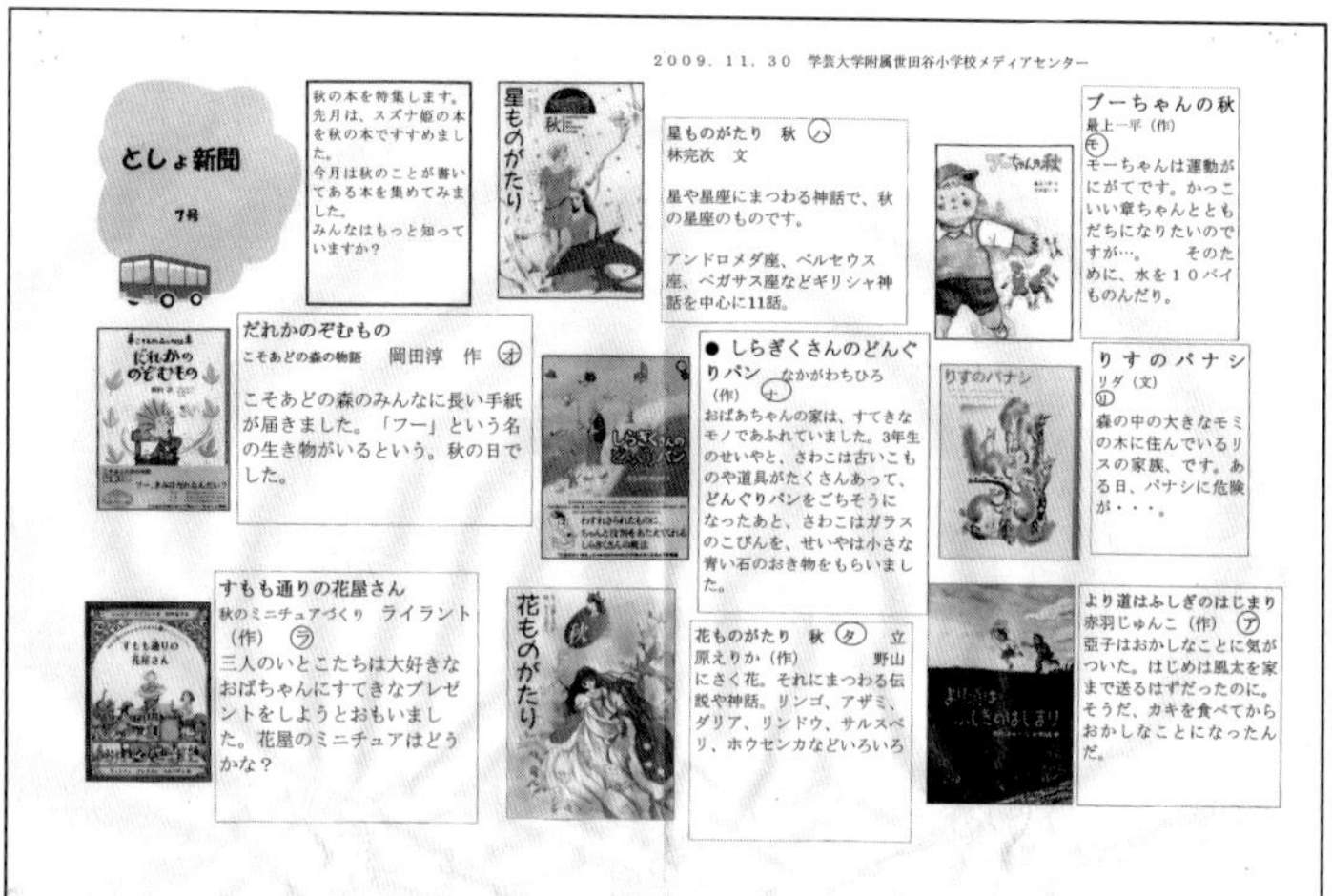

としょ新聞

7号

2009. 11. 30　学芸大学附属世田谷小学校メディアセンター

秋の本を特集します。
先月は、スズナ姫の本を秋の本ですすめました。
今月は秋のことが書いてある本を集めてみました。
みんなはもっと知っていますか？

星ものがたり　秋　(ハ)
林完次　文
星や星座にまつわる神話で、秋の星座のものです。
アンドロメダ座、ペルセウス座、ペガサス座などギリシャ神話を中心に11話。

ブーちゃんの秋
最上一平（作）
(モ)
モーちゃんは運動がにがてです。かっこいい章ちゃんとともだちになりたいのですが…。　そのために、水を１０パイものんだり。

だれかのぞむもの
こそあどの森の物語　岡田淳　作　(オ)
こそあどの森のみんなに長い手紙が届きました。「フー」という名の生き物がいるという。秋の日でした。

● しらぎくさんのどんぐりパン　なかがわちひろ（作）　(ナ)
おばあちゃんの家は、すてきなモノであふれていました。3年生のせいやと、さわこは古いこものや道具がたくさんあって、どんぐりパンをごちそうになったあと、さわこはガラスのこびんを、せいやは小さな青い石のおき物をもらいました。

りすのパナシ
リダ（文）
(リ)
森の中の大きなモミの木に住んでいるリスの家族、です。ある日、パナシに危険が・・・。

すもも通りの花屋さん
秋のミニチュアづくり　ライラント（作）　(ラ)
三人のいとこたちは大好きなおばちゃんにすてきなプレゼントをしようとおもいました。花屋のミニチュアはどうかな？

花ものがたり　秋　(タ)　立原えりか（作）　野山にさく花。それにまつわる伝説や神話。リンゴ、アザミ、ダリア、リンドウ、サルスベリ、ホウセンカなどいろいろ

より道はふしぎのはじまり
赤羽じゅんこ（作）　(ア)
亜子はおかしなことに気がついた。はじめは風太を家まで送るはずだったのに。そうだ、カキを食べてからおかしなことになったんだ。

中学年用

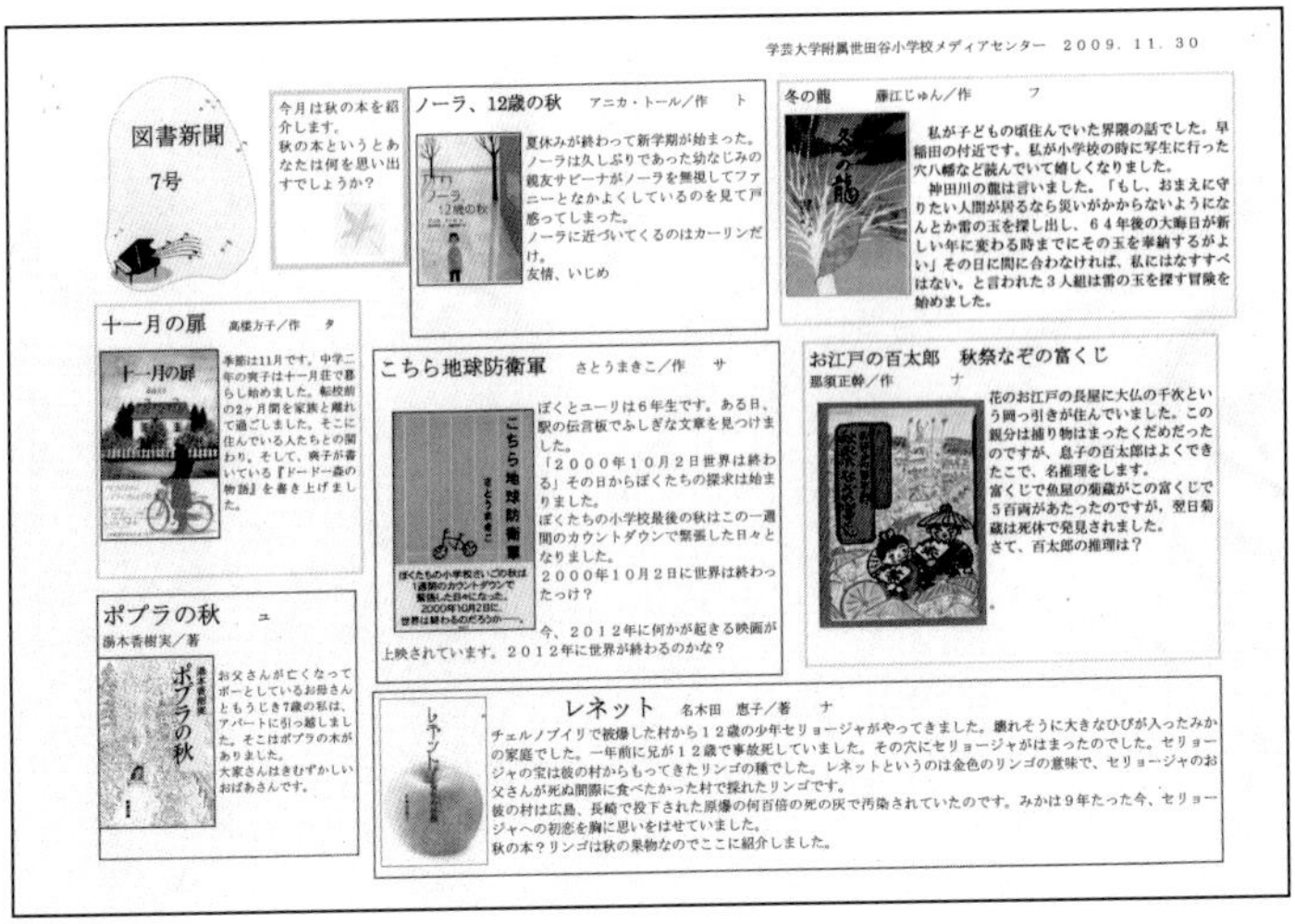
学芸大学附属世田谷小学校メディアセンター　２００９．１１．３０

図書新聞
7号

今月は秋の本を紹介します。

秋の本というとあなたは何を思い出すでしょうか？


ノーラ、12歳の秋　アニカ・トール／作　ト

夏休みが終わって新学期が始まった。

ノーラは久しぶりであった幼なじみの親友サビーナがノーラを無視してファニーとなかよくしているのを見て戸惑ってしまった。

ノーラに近づいてくるのはカーリンだけ。

友情、いじめ

冬の龍　藤江じゅん／作　フ

私が子どもの頃住んでいた界隈の話でした。早稲田の付近です。私が小学校の時に写生に行った穴八幡など読んでいて嬉しくなりました。

神田川の龍は言いました。「もし、おまえに守りたい人間が居るなら災いがかからないようになんとか雷の玉を探し出し、６４年後の大晦日が新しい年に変わる時までにその玉を奉納するがよい」その日に間に合わなければ、私にはなすすべはない。と言われた３人組は雷の玉を探す冒険を始めました。

十一月の扉　高楼方子／作　タ

季節は11月です。中学二年の爽子は十一月荘で暮らし始めました。転校前の2ヶ月間を家族と離れて過ごしました。そこに住んでいる人たちとの関わり。そして、爽子が書いている『ドードー森の物語』を書き上げました。

こちら地球防衛軍　さとうまきこ／作　サ

ぼくとユーリは６年生です。ある日、駅の伝言板でふしぎな文章を見つけました。

「２０００年１０月２日世界は終わる」その日からぼくたちの探求は始まりました。

ぼくたちの小学校最後の秋はこの一週間のカウントダウンで緊張した日々となりました。

２０００年１０月２日に世界は終わったっけ？


今、２０１２年に何かが起きる映画が上映されています。２０１２年に世界が終わるのかな？

お江戸の百太郎　秋祭なぞの富くじ
那須正幹／作　ナ

花のお江戸の長屋に大仏の千次という岡っ引きが住んでいました。この親分は捕り物はまったくだめだったのですが、息子の百太郎はよくできたこで、名推理をします。

富くじで魚屋の菊蔵がこの富くじで５百両があたったのですが，翌日菊蔵は死体で発見されました。

さて、百太郎の推理は？

ポプラの秋　ユ
湯本香樹実／著

お父さんが亡くなってボーとしているお母さんともうじき7歳の私は、アパートに引っ越しました。そこはポプラの木がありました。

大家さんはきむずかしいおばあさんです。

レネット　名木田　恵子／著　ナ

チェルノブイリで被爆した村から１２歳の少年セリョージャがやってきました。壊れそうに大きなひびが入ったみかの家庭でした。一年前に兄が１２歳で事故死していました。その穴にセリョージャがはまったのでした。セリョージャの宝は彼の村からもってきたリンゴの種でした。レネットというのは金色のリンゴの意味で、セリョージャのお父さんが死ぬ間際に食べたかった村で採れたリンゴです。

彼の村は広島、長崎で投下された原爆の何百倍の死の灰で汚染されていたのです。みかは９年たった今、セリョージャへの初恋を胸に思いをはせていました。

秋の本？リンゴは秋の果物なのでここに紹介しました。

高学年用

図書新聞は学校図書館の広報誌です。ですから学校によっては新刊案内をしているところが多いと思います。本校の図書新聞は新刊案内は載せていません（新刊案内は図書館前の掲示板にはっています）。テーマはその月によって決めています。それは、子どもの読みを広げてほしいという思いからです。本の紹介には必ず分類を書くようにしています。分類はなるべく本のラベルと同じように表しています。

紹介する本のあらすじはさらっと書くようにしています。子どもが結果を知りたいと思いたくなるような紹介の仕方です。

学校図書館の展示は大変重要である。プール開きに合わせた水泳の展示について取り上げられているが、書架で背表紙しか見せなかった本が表紙を見せることによって子どもに注目されやすくなる。いわゆる「面出し」である。その際、子どもの興味・関心に関連させることが重要で、季節や行事に関連させることは効果的だ。展示もメインの展示コーナーだけでなく小さな展示コーナー、貸し出しカウンター脇のミニ展示、書架の間のちょっとしたスペースでの展示と学校図書館の各所に展示コーナーを作っている。その本が借りられてしまってもどんな本があったのかわかるような表示（本の表紙をカラーコピーして、それをラミネートしたものを置いてある）をしたり、すぐに違う本の展示に変えたりと工夫されている。専門職の面目躍如たる取り組みだ。

教科書に関する本の展示は、新年度に行ったほうが効果的なようにも思うが、附属世田谷小学校ではこの時期に行ったほうが効果的なのだろう。学校事情に応じたこのような判断も重要だ。ただ、このようなコーナーは年間を通じて設けてもよいと思われる。それぞれの学校、教室で、個性的な授業が展開されているだろうが、主要な教材としての教科書の影響力は極めて大きい。教室の授業と学校図書館をつなげるために有効である。最近は教師用指導書に関連文献や資料などが提示されていることもある。また、教科書会社から関連するブックリストがパンフレットで配布されることもある。連携を考える上でも教科書は大切だ。目配りしておきたいものである。

行事と学校図書館をつなぐⅡ

6月で注目しておきたいのが遠足・移動教室との連携である。遠足の行事は他の学校行事との兼ね合いもあるが6月、10月、2月ごろに行われる学校が多い。遠足行事の取り組み方も様々だが、附属世田谷小学校は子どもたちに企画への参画を求めているので、目的地はどんなところか、目的地周辺で展開するグループ活動で訪れるべきところはどこかを調べたり、遠足の中で行われるリクレーションのためにゲーム等を調べたりと、調べ学習を行う題材は満載である。参加の形態は異なっても遠足にかける子どもの期待感は強い。子どもたちの期待感・必要感が高まった時に情報リテラシーのスキルである調べ方を教えると身につきやすい。この機を生かさぬ手はない。行き先や取り組みに応じた資料を学校図書館に備えておきたい。毎年異なった資料を準備することは大変だが、遠足の行き先は同じであることが多いので取り組みやすいはずだ。一般向けの旅行案内やレジャーガイド、パンフレット（地域の観光協会や役所の観光課などに問い合わせる）、その地域で発行されている社会科の副読本等をそろえるとよい。パンフレット等は、前年度に実施した学年の先生が集めて不要になったものをもらうこともできるだろう。また、行事前に下見に行く先生がいれば、お願いすることも考えられる。遠足のために作られたしおりなども加え、それらをまとめてファイル資料を作成しておくとよいだろう。

７月の学校行事／図書館活動

《学校行事》
- 学期末保護者会
- 個人面談
- 夏休み
- 臨海学校

《図書館活動》
- 保護者との連携
- 夏休みの貸し出し
- 臨海学校への同行

学期末保護者会

七月の二週目になると、各学年の保護者会が行われます。保護者会の全体会では、中学年、高学年は専科の先生の話、養護教諭の話に引き続き学校司書も話をするように学年主任から頼まれます。

子どもたちの日常を保護者に知ってもらうため、担任だけでなく学校のスタッフが様々なところで子どもたちの生活にかかわっていることを伝えるためです。

小学校では子どもの日常生活には保護者が大いにかかわってきています。私は、まず、今学期に行ったことを中心に話をします。図書館の使い方のオリエンテーションを行い、それが使えるように図書館クイズをしたこと、読み聞かせをした本について、ブックトークを行ったことなどの話をします。夏休み前の保護者会では、夏休みにはこんな本を子どもたちにはすすめているという紹介もします。

六年生の保護者には、五月に「6年生に読んでほしいノンフィクション50冊」という冊子を配っており（三九ページ参照）、その中の本を夏休み中にぜひ読んでほしいと子どもたちにすすめているので、おうちの方たちも一緒に読んでみませんか、と投げかけてみます。そうすると後になって、必ず何人かの保護者が私のところにやって来て、自分の子どもの読書について、あるいはノンフィクションの中から読まれた感想などを話されます。

五年生では、六月に、六年生のような「10冊チャレンジ」を配布したこと（五四ページ参照）を伝え、これに載せた本は何年も前から読み継がれてきた読み物を中心にしたものであること、子どもたちの読書の幅を広げさせたいと思って行っているのだと話しました。

本校には本が好きな子どもは多いのですが、いろいろ読んでいるようでも口に優しいおやつのような本ばかりという子どもたちがいます。時間がある夏休みなどには段階を踏んでそれぞれの子どもがステップアップした本にも挑戦してほしいと思っています。きっと読書に向かう自信がつくと思い、保護者の方にもそのようにお話をします。

三年生、四年生の保護者にも、一学期に読み聞かせをした本の紹介を含めて図書の時間の様子などを話します。

低学年では毎週の図書の時間での活動、図書の時間の子どもの様子、子どもに人気の本などについて話しますが、とりわけ絵本の持つ魅力、絵本にたくさん出会ってほしいという話をします。一年生の子どもの話によると、学校に入ったら字の多い本を読みなさいとか特定のジャンルの本をぜひ読んでほしいと言う保護者がいるようです。保護者の方の希望もわかりますが、絵本にも素晴らしい力があることを知ってもらいたいと近ごろは痛切に思っています。

カウンターに座って貸し出しをしていると、その子どもがたくさん絵本を読んできたかどうかがわかります。絵本を読んでいる子どもは本の選び方がどんどん上手になり、読書ノートや普段の日記にも素敵な表現をしています。絵本は、短い文章ですが選ばれた言葉が使われています。こうした絵本の力と、いい絵本に出会わせたいと普段から願っていることを伝え、保護者の方もぜひ一緒に読んでください、とすすめます。子どもたちに本を読むことの楽しさを小さい時から知ってほしいし、頭の中で想像していけるようになってほしいと思います。

小学生にとって保護者の協力は欠かせません。子どもが本を購入したり、図書館へ行って借りたりすることを理解してもらうことはもちろんですが、子どもが読書人として成長していけるよう、保護者の方と協働していっしょに成長を見ていきたいという話もします。

学期末は個人面談も行われます。個人面談に来た帰りにメディアルームに寄っていかれる方もあります。「先生、うちの子、もっと読解力をつけましょうと言われたんですが…」とか、「先生がすすめてくださった五十冊の本、子どもと一緒に読んだらおもしろかったです」という感想を言ってくださる方もあります。

私が保護者会で話すと、司書もまた担任の先生たちと同じ価値観で学校に勤務しているのだと家庭に伝わり、保護者も安心するようです。また、ここで話すことから先生たちにも改めて普段の図書館経営などを伝えることができるチャンスでもあります。

N先生は「うちのクラスのひろし君とこう君はあまり本が読めないし、読書ノートもあまり書けないからどうしましょうか?」という相談に来ました。「ひろし君とこう君がおもしろがれる本を一冊ずつ選んで借りてもらいましょうか?」という話をしました。次の日の図書の時間にやって来た二人には「これはどう?」といってすすめてみました。

このように、担任と保護者と一緒に子どもたちの成長を見ていこうとしています。

夏休み

夏休み、冬休みなどの長いお休みの前には特別の貸し出し期間を設定します。夏休みの本の貸し出しは夏休みの十日前ぐらいから始めます。一人五冊の本が借りられるので、低学年の子どもたちはうんうん言って本を持って教室まで帰っていきます。夏休みの貸し出しを始めるとたくさんの本が借りられるので本棚がガラガラになります。図書の時間がなかなか取れなくて、夏休み直前になってやっと来たクラスの子どもは、「もういい本がなくなっちゃった」と言っています。私はこんな時がチャンスだと思います。あまり目立たない本や古くなって近ごろはあまり手に取られなくなってきた本を紹介します。子どもと一緒に本棚を巡っていると、本が少なくなったことによって地味な本が目立ってくることにも気がつきました。

子どもに本をすすめるのはちょっとスリリングです。すすめた本がおもしろければ次に来た時にまた選んでほしいと言いますが、おもしろくなければ聞こうとはしません。読書があまり得意ではない子どもにはちょっと冒険的な気持ちから「この本は？」と言ってあっさりとすすめたりします

「先生全部ここの本読んだの？」とよく聞かれます。もちろん全部読むことはできません。でも、読めない分、書評を読んだり、司書のネットワークで情報を得たり本の内容を把握することに努めています。

臨海学校

夏休みになるとすぐに臨海学校が始まります。本校では、千葉県の房総半島の千倉で六年生の四泊五日の臨海学校に引き続き、五年生の四泊五日の臨海学校があります。臨海学校は担任以外の先生たちもみんなで応援して行う行事ですので、このどちらかに先生たちは行きます。学校司書である私も図書館の仕事とは直接関係がないのですが、どちらかの臨海学校には必ず行っています。

臨海学校は普段の活動から離れて子どもの素顔をのぞいてみることができます。一緒に近くの山に登ったり、冷たい海で一緒にふるえたりして同じ空気を吸うことは二学期からの活動にも役立ちます。また、五日間一緒に生活するので先生たちとの距離も縮みます。夜遅くまで話をしている中で、二学期からこんなことをしていこうという協働の計画を立てることもあります。

コラム 絵本をすすめるのは

私は保護者会で絵本をすすめているということを書きましたが、絵本はけっして文字が読めない子どもが簡単に理解できるように絵があるのではないと思います。

『絵本・ことばのよろこび』松居直 著（日本キリスト教団出版社）の冒頭に読者からもらった手紙が載せられていました。読書が苦手だったのが、妹に絵本を読み聞かせるうちに夢中になる絵本が出てきて、いろいろなことを興味深くできるようになった…。そして、松居氏は「絵本には言葉の力があります」と、書いていらっしゃいます。

子どもたちに絵本の読み聞かせをしたことがある方はきっとやみつきになっているでしょう。絵本は一人で読むのではなく、読み聞かせをするとその真価を発揮するような気がします。絵本は声に出して読むものだと思います。文字が読めるとか読めないとかで絵本を読むものではないのです。絵が字を補助しているものではけっしてありません。

絵本をよく借りる子どもたちを見ているとたくさんの絵本を読んできていることがわかります。そして、その選び方を見るといい選び方をしています。絵本の良し悪しはまず声に出して読んだ時にわかります。

時々一年生や二年生の絵本が大好きな子どもに聞いてみます。「どうやって本を棚から選ぶの?」。ある子どもは「友だちが借りた本を返す時に見ていておもしろそうだなって思ったら借りるの」とか「題名が気に入って借りたの」などと言っています。

本校では、一年生より二年生のほうが絵本を借りています。一年生は、字を覚えたうれしさからか、背伸びをしたい思いからか、二年生に比べると絵本を借りることが少ないのでしょう。二年生を見ていると、一年生の時からたっぷり読み聞かせを聞き、自分でもたくさん読んできたからでしょうか、「この作家がおもしろい」などと言っている姿を見かけます。いっぱしの読書家ではないでしょうか。小学校の低学年でこういう子どもたちに育ってくれることをいつも願っています。

『**大人が絵本に涙する時**』柳田邦男 著(平凡社)によると、絵本は子どもだけのためのものではなく、人間が生きていく上での大事なものを深く考えさせてくれるもので、洗練された簡潔な文章と絵と肉声(朗読)の共振によって物語が立体感を持って作り出されると、書かれています。

たとえば、『**すきまのじかん**』アンネ・エルボー 作/大本栄 訳(ひくまの出版)などは「ゆうぐれどきの、まだあかりをともすほど、くらくなく　かといって　ほんをよんだり、ぬいものをするほど　あかるくない…」とあるように哲学的な感じがします。小さな子どもは理解できないと思います。

『エリカ　奇跡のいのち』ルース・ジー文／ロベルト・イノセンティ絵／柳田邦男訳（講談社）は戦時中、ユダヤ人を乗せた強制収容所に向かう列車の中から赤ちゃんが放り投げられたというお話です。その赤ちゃんは幸いけがもなく、「エリカ」と名づけられてドイツ人によって育てられました。生年月日もその子の本当の名前も両親の名前もわかりません。しかしエリカは「お母様は、自分が「死」にむかいながら、私を「生」にむかってなげたのです」と表現しています。これらはけっして小さい子どものためのものではないと思いますし、高学年にも読んでもらいたい絵本です。

絵本は直観的にわかることも多いのでコミュニケーションの媒介をします。低学年の学級で担任の先生が読み聞かせをしているところがありますが、物語を共有することで価値観を共有することができると思います。

保護者会で広報活動

小学生の子どもたちへの教育を考える時には、保護者の影響力の大きさを考えないわけにはいかない。保護者が学校や教師と協力して子どもにかかわることによって子どもは大きく変わっていく。学校は教育の方針や具体的な取り組みを保護者に十分理解し、協力してもらうことによって、効果的に教育を行うことができる。特に読書指導のような日常的・継続的な取り組みの場合には保護者の協力の持つ意味が大きい。

保護者会で吉岡先生は、その学期にどんなことをしていくか（してきたか）、子どもにすすめたい（すすめた）本、子どもたちが好んで読んだ本、そして読み聞かせた本や取り組んだ読書活動について話してくれる。保護者は楽しく話を聞いているうちに読書指導の重要性を確認し、家で子どもに読み聞かせをしたり、一緒に読書をしたり、本を手渡すように働きかけたりするようになっていく。吉岡先生は話の終わりに「気軽にメディアルームに寄ってください」とも声をかける。実際に相談に訪れる保護者は多く、個人面談や保護者会の帰り等にメディアルームを訪れ、読書指導や本のことを相談するのである。吉岡先生はカウンター越しに子どもたちを６年間見守っていて、長いスパンで子どもとかかわっているので的確に保護者の相談に応じてくれている。

8月の学校行事／図書館活動

《学校行事》
- 夏休み
- 教員研修

《図書館活動》
- 教員との打ち合わせ
- 初心者研修会のアピール
- 司書の研修
- 図書館の模様替え

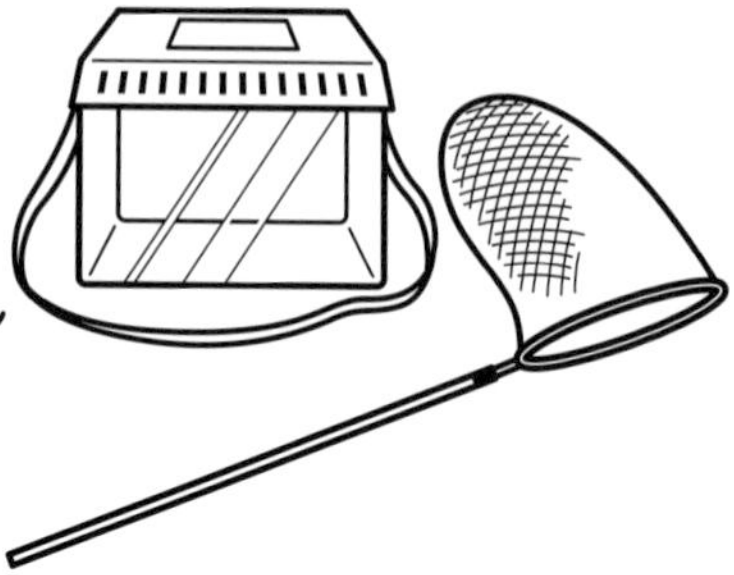

協働に向けて

学校図書館がすべての先生たちに信頼されるため、夏休み中に経営計画の見直しをします。その中にこれから取り入れようとするものを書き加えていきます。

昨年やりたいと思っていて、やれなかったことを今年度はぜひと思い、早めに学年と相談して時間を確保してもらえるようにします。図書の時間に行えることも、二学期のどのあたりに行うのかの予定を組んでおきます。各教科で作っている学習指導計画を読むこともこの時期大事なことです。そして、子どもが来ていないこの時期は、先生たちとたくさん話をする時間が取れます。先生の方からも「こんなことをやりたいのだけど…」と言ってこられたり「二学期の終わりごろ子どもたちに劇を作らせようと思うけど何かいいお話の本はないかな？」と相談されたりしますが、メディアルームを使ってゆっくり話し合いもできます。

教員研修にかかわる

今年度新規に附属学校に採用された先生たちに向けての初任者研修会でも図書館についての話をします。幼稚園から高校までの先生ですが、まずは図書館をどういうふうに考えて作っているかという話から始めました。

①明るく楽しい場所である。時にはワクワクする場所である。
②本が見つけやすい。
③司書（私）に相談するとおもしろい本に出会える。
④新しい本が手に取れる。
⑤読みたい気持ちにさせるように本が並んでいる。
⑥司書（私）と親しく話ができるし、相談できる。

図書館を使うとどのように豊かな授業を組み立てることができるか、そして「学校図書館は先生が要求されたり、利用されることにより資料がそろい、充実します。学校図書館は子どもと先生と一緒に作っていくものだと思っています」という話をしました。新任の先生たちにも伝わったようで、感想にも「これからもっと図書館が使えるか考えていきます」といった意見や、「高校の数学でも使えるか考えていきます」など非常に前向きなものが多く私たちも勇気づけられました。二学期になってそれぞれの学校に戻られた先生はその学校の図書館を訪れ、司書に初任者研修の話をして、自分ではどんなことができるかを相談されたそうです。

初任の先生たちがどのような学校図書館との出会いをされてきたかは様々ですが、ほとんどの方たちは学校図書館を利用したことがあまりないとか、どこにあったか覚えていないなどとおっしゃるのです。少なくとも、本校を卒業していった子どもたちは、そんなことは言いません。社会人として訪ねてきた人たちは「ああ、懐かしい。きれいになったけど、でもあのころの本はあるかな?」と言って本棚を巡っています。

このほか、ある年は現職研修として現職の先生のための情報リテラシー講座を開催し、授業を巡る協議とパネルディスカッションをしました。子どもたちに情報リテラシーを育てていくことが必要であると考えてのことでした。

司書の研修

学校図書館の司書は本校では一人職です。時々独りよがりで行っているのではないかと心配になります。毎月参加している学校図書館司書の研究会では持ち回りにいろいろな学校で行われます。それぞれの学校で司書さんの工夫を見て参考にすることがたくさんあります。そんな普段の研究会の集大成のような全国大会が毎年夏にあります。日本全国から集まった学校図書館にかかわる人たちが普段行っている実践を発表します。それを聞き、分科会の発表に刺激を受け、二学期からうちの学校でもやってみようと意気込んで帰ってきます。地域によっては少ない予算で一生懸命頑張っている司書さんもたくさんいらっしゃいますし、数年で異動になって、はじめから図書館作りをしていらっしゃる方もあります。自分が置かれている環境を振り返る時でもあります。

学校司書さんたちと話すことも大いに刺激を受けます。やる気の固まりのような人たちが多く、質問をされることも多いのです。自分のところではこんなふうにやっているけどそちらはどうか？　という質問に、時には、たじたじとしています。

司書の研修は春休みにも行います。

学校図書館の整備

普段使いにくいと思っているところがいろいろあります。ところが、小学校の図書館はいつも使われている状態です。毎日、図書の時間が入っていますし、放課後は図書新聞作りや図書の時間の準備に追われています。長期のお休みは貴重な改革の時です。今まで置かれていた本棚を移したり、参考図書の棚を入り口近くに持っていったりしました。こうしてみると、図書の時間でクラスが入っていても「あっ、調べよう」と思ったほかの学級の子どもたちが参考図書を中心に調べに来ることができるようになりました。四月のオリエンテーションで参考図書の使い方を学んだ学年は、こうしてちょっとしたことでも調べることができるようになります。

メディアルームの表示についても変えます。メディアルームの表示は一、二年たつと古びてきます。ところが表示を全部作り直すのも時間と根気がいります。これは私の夏休みの宿題です。表示を作り替えたり、本棚を移動したりしていると新学期に子どもたちがどんなふうに反応するかが楽しみになってきます。

長期のお休みの時にこそ、本の展示コーナーの本を選んであらすじをつけてていねいに作ります。

九月は教育実習生が来ることから「せんせい」の本を紹介する準備をすることもあります し、カレンダーのように本の紹介をしたこともあります。カレンダーのように本を紹介するというのは、一日から三十日までの毎日のトピックの本を並べるのです。例えば一日は防災の日なので**『地球たんけんたい４　地震だ！』**フランクリン・Ｍ・ブランリー文／リチャード・ローゼンブラム 絵／神鳥統夫 訳（リブリオ出版）、二日はさいとうしのぶさんの誕生日ですから**『あっちゃんあがつく』**さいとうしのぶ作／みねよう原案（リーブル）、三日はかかし祭りの季節ということで**『かかし』**ロバート・ウェストール 作／金原瑞人 訳（徳間書店）、四日はくしの日で**『ちいさな くし』**Ｍ・ポプルトン 原作／掛川恭子 文／佐野洋子 絵（福音館書店）といったぐあいに並べました。

冒頭、夏休みでも学校図書館は使われていると書いたけれど、学期中に比べれば子どもの来館機会が減るのは確かである。そこで日常の利用の様子を見ながら、学校図書館のレイアウトを変えたりするリニューアルを行うであればこの時期なのである。新学期に子どもたちがリニューアルされた学校図書館に驚き、新鮮な気持ちで利用できるようになる。これまで縁の薄かった子どもが積極的に利用するようになるかもしれない。夏休みといっても教師たちは出勤してきている。いろいろな仕事があるのだが、学期中に比べれば時間的なゆとりも多少は作れる。学校図書館のリニューアルに全校教職員の手を貸してもらったとの事例も多く聞いている。遠慮して担当者だけでやる方もおられるが、私は手を貸してもらうことをすすめたい。リニューアル作業にかかわることを通じて学校図書館に関心を持ち、使い方が変わる教師が出てくるのである。

教師にとって、夏は研修の季節である。校内で、地域の教育委員会主催でなど、多くの研修が行われそれに参加する。教師は専門職であるから、教育に関する見識や能力を高いものとしていくために自ら研究と修養に努めるのである。しかしながら、学校現場にいると研修のための情報が十分得られない場合が多い。今後学校図書館が教師の研修支援をするための学習・情報センターとなって、教員支援ができることが求められるだろう。

夏は教師同様専門職である学校図書館スタッフにとっても有意義な研修会・研究会が多く開かれる。「聞きに行く」から始めて、自分の実践をまとめ交流をするために参加したい。

夏休みはリニューアルと研修支援

８月の学校図書館は何をする？　夏休みだからやることがないのでは？　と考えられる方もいるかもしれない。しかし、夏だからこそできること、やるべきことがたくさんあるのだ。夏休みに開館している学校図書館は多い。プール指導のある日や、補習や体験教室、行事などで、子どもが学校に登校する日が増えており、その際に学校図書館で本の貸し借りを行うことも多い。そんな合間を縫って取り組みたいのが学校図書館経営案の見直し、図書館のリニューアル、教員研修支援、自己の研修の４点である。

最近は２期制の学校も多くなってきているが、附属世田谷小学校は３学期制をとっているので、夏休みは１学期の実践を評価し、今後の実践について考え直すよい機会となっている。教師たちもそれぞれの学級経営案を見直して、修正し２学期以降の実践について考える場を持ったりもしている。年度開始前に立てた学校図書館経営案の１学期に取り組もうと考えた部分について、実際どのように行えたか、成果は何か、課題は何かと考えていくと２学期以降に取り組もうと考えていたことに修正すべきことも出てくるので、学校図書館経営案に加筆修正を行うのである。繰り返し強調するが、立てた計画だからそれ通りにやらねばと杓子定規に考えるのではなく、子どもや教師、学校の実態に応じて柔軟に取り組むことが重要なのである。

9月の学校行事／図書館活動

《学校行事》
- ・始業式
- ・教育実習

《図書館活動》
- ・実習生への支援
- ・授業への資料提供
- ・１年生への読指導・利用指導

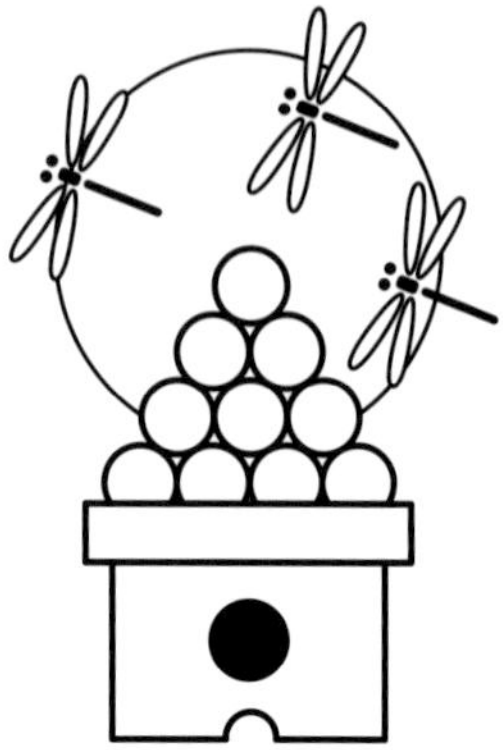

教育実習生がやって来る

二学期早々から十月半ばまで百名余りの大学生が各学級に配属されます。ほとんどが東京学芸大学の学生です。実習が始まって間もなく、実習生のための図書館オリエンテーションを行っています。実習生のほとんどは卒業してから教員になるであろうという思いから、学校図書館のことを丸ごと見ていってほしいと思います。

実習生にはぜひ知っておいてほしいと思い、学校図書館法を印刷して配ります。学校図書館は学校図書館法という法律で設置基準があり、「第一条　この法律は、学校図書館が、学校教育において欠くことのできない基礎的な設備であることにかんがみ、その健全な発達を図り、もつて学校教育を充実することを目的とする。」というところから始まります。次に、メディアルームの概要（蔵書数、貸し出し状況、購入図書の数、雑誌など）を話し、図書の時間のあり方、子どもたちがどんなふうにメディアルームを利用しているかなどの説明のあと、四月のオリエンテーション時に子どもに見せたものと同じようなパワーポイントの資料をスクリーンに映して説明をします。これは、図書館としては基本的な本の並び方、つまり日本十進分類法で本が並んでいること、普段どのようにメディアルームを利用しているかを写真をふんだんに使って作ったものです。また、四月当初先生に配布した「おとなの図書新聞　番外編」と同じような実習生版のメディアルームの使い方を配布します。実習生にも授業にかかわるための本の貸し出しはもちろんできますし、学級で読み聞かせなどもできればやっていってほしいと言います。そして、一万五千冊余りも小学生のための本があるので、どんな本があるかを見ていってほしいと言います。

この機会に実習生たちに必ず学校図書館の経験を尋ねます。すると、ほとんどの学生は学校図書館の思い出がほとんどないと言います。小学校の図書館はどこにあったかも記憶していないとか、「担任の先生と時々行ったなあ」とか話す学生がぽつぽついるような状態です。

学校図書館はもちろん楽しく安らげる場所ですが、学習支援の場所であること、図書の時間に子どもたちについてきた時にその認識を持っていてほしいと話をします。

なおこのころのコーナー展示には「せんせい …実習生の先生が本物の先生になりますように」というタイトルで本を集めることがあります（一四五ページ参照）。

四年生の学級に配当された実習生は国語の「『伝え合う』ということ」という単元で、手話や点字のことをやりたいと言って調べに来ました。指導案も見せてくれて、こんなことをしたいとも話してくれました。そして私がすすめた目が不自由な人のことが書かれた本を数冊と、ユニバーサルデザインの本を借りて帰って行きました。いろいろな資料が使えて良かったと授業を行った後に実習生が言っていました。

実習生からは教室にたくさんの本を借りていきたいという申し出も時々あります。もちろん「どうぞ」と言って、カートに三十冊ぐらい本を乗せて貸してあげます。「こんなに本があったのですね」と、なかなか公共図書館でさがせなかった本を見つけて喜んでいました。また、「学級で絵本を読み聞かせするのですがどんな本がいいですか」と、相談に来る実習生もいます。その時は、「まずは自分が大好きな絵本がいいでしょう」と言います。好きな絵本は誰でも上手に読めると思います。

『月夜のオーケストラ』 イェンス・ラスムス 作／斉藤洋 訳（小学館／品切れ）の読み聞かせから始めた一年二組の実習生の授業が良かったからでしょう、その後、一年二組の子どもたちは必ず誰かがこの本を借りていくという現象が起こっていました。

実習が終わるころ、たくさんの実習生があいさつに来てくれます。

ある実習生は一年生に配当されていたので、中学年や高学年が図書の時間にどんなことを行っているか見学したいと言って、実習が終わってから訪ねてきました。

先生への支援

国語科を研究する先生から、「新しい学習指導要領に沿った授業をするために、小学生向きの狂言の本がありますか?」という質問が来ました。そこで、狂言絵本として**『ぶす』『かきやまぶし』『かたつむり』『うそなき』『かみなり』**という絵本（内田麟太郎 文（ポプラ社））と、**『これだけは読みたいわたしの古典 能・狂言』**今西祐行 文（童心社）を紹介しました。

九月の半ばごろには、I先生から「実習期間が終わった後に行う授業で使いたいのですが、小学生向けの随筆集にはどんなものがありますか」という質問が来ました。二月の研究授業に向けて少し長いスパンで子どもたちに随筆を読ませたいということで、それを集めてもらいたいという依頼です。私は子どもたちに人気がある作家のものがいいと思い、すぐに富安陽子の**『さいでっか見聞録』**浅倉田美子 絵（偕成社）を手渡しました。「この作家の本は中学年からよく読まれている作家ですから」と言ってすすめたものです。

後に、実際授業をする際には、『さいでっか見聞録』と『**小学生日記**』hanae*著（角川書店）と『**ひとりの時間**』華恵 著（筑摩書房）に絞り、公共図書館からも数冊ずつ借りることにして、ぜひ、みんなに読ませたいと言われました。読んだ後に自分たちで身近なエッセーを書くという学習を行っていました。これは三学期いっぱいまで続けられ、三冊のエッセー集ができました。

図書館の本は利用される分野のものはいろいろそろえられて、資料収集に厚みが出ます。先生たちも、司書に頼むと本をそろえてもらえるという経験を積み重ねていくうちにいろいろ頼んでくるようになりました。

一年生にも図鑑の使い方　情報リテラシーはじめの一歩

ほかの学年は四月に分類や参考図書の使い方など指導を行いますが、一年生には行いませんでした。そうした指導は二学期、図書館の使い方になれてきたころから始めます。また、九月には図鑑を使って一年生に情報リテラシーの指導を行いました。

図鑑が好きなのは男の子に多いと思いますが、自分の興味のあるところだけしか見ていません。そこで男女のペアになって一緒に昆虫図鑑を見るという活動をしました。まずは協力してページをめくりながら知っている虫について見ました。次に使い方のページを見て、この図鑑はどのようなつくりで、どんなことが調べられるか、昆虫の大きさの表し方はそれぞれどこで測っているかなどを確認しました。目次、索引はどのように並んでいるのかを見て、どのような時に目次を使うと便利か、索引を使うのはどういう時か、索引では言葉がどのように並んでいるのかなどをていねいに見ていきました。

後日、この日にいっしょに確認したことを図書館クイズとして二人一組でやったところ、ほとんどの子どもが覚えていました。

図鑑はビジュアルなものですが、参考図書を使って調べるための基本的な要素がほとんど盛り込まれています。中・高学年になって実際に調べ学習をする時に、このようにていねいに図鑑を学んだことが生きると思います。ただ、一回だけの指導ですべての子どもが参考図書を使えるようになるとは思いません。ですから一年生の間だけでも二回は行っているのです。

一年生の読書ノート

九月に始める一年生への指導には読書ノートを使ったものもあります。一年生の読書ノートは夏休み直前に配っていて、その時に私が読み聞かせを行い、その絵本について一緒に書いてみています。まだ、文字を習ったばかりなのでたどたどしい子どももいますが、本の題名を書く、作者を書く、読んだ日にちを書く、分類番号（一年生には本の背表紙にあるシールと言っています）を書く、そして読んでもらったり、自分で読んだりして思ったことを書こう、という説明をしました。文字をたくさん書くことがまだ難しい子どももいます。絵を描いてもいいというと絵を描いてくる子どもが必ずいます。

九月最初の図書の時間には、一年生の子どもたちは夏休み中に書いた読書ノートを持ってきます。さて、自分で読んだ本を書いてみたでしょうか？　少々心配でしたが、おうちの人の励ましのもと、たくさん書いてきていました。

張り切ってたくさん書いてきた子ども（読書ノート一冊全部書いてきた、つまり五十冊読んだ子ども）もいましたし、ほとんどの子どもが十冊前後読んで書いてきました。

二学期からは絵本の読み聞かせが終わると、みんなで一緒に読書ノートを書くことを始めます。この活動は二年生まで継続して行っています。読書ノートから紹介してみましょう。

『**たんじょうび**』ハンス・E・フィッシャー作／大塚勇三訳（福音館書店）を読んで「リゼッテおばあちゃんたんじょうびなので、どうぶつたちは、ケーキをつくってリゼッテおばあちゃんをおどろかせます。とちゅうケーキをこがして、さとうをかけてごまかしました。ねこのマウリとルリといぬのベロはないしょにしていたこねこをみせてあげました」。こんな長い文章を書いてきた子どももいました。

読書ノートを一冊書き終わると、写真を撮って賞状をあげています。ある日、けいた君が「お母さんから…」と言ってお手紙（かわいいカード）を持ってきました。開けて見ると「このたびは立派な表彰状を頂戴し、心よりお礼を申し上げます。嬉々とした表情でランドセルを開け、報告した息子の姿が忘れられません。これからもどうぞ宜しくご指導くださいませ」というていねいなお手紙でした。お母様にも喜んでいただいてよかったなあと思いました。

その指導もていねいに行われている。はじめは授業内で読み聞かせられた本について、一斉指導で書き方の指導を行い、その後は書かれたものに担任が目を通すことを基本として、週に１回の図書の時間に、子どもに読書ノートを持参・提出してもらって吉岡先生が目を通すようにし、根気強く－押しつけにならないように－指導していくのである。

１年生の夏休みは保護者の力が込もる時期であり、ずいぶん充実した読書ノートが学級に持ち込まれる。ありがたいことなのだが、読書ノートを埋めることに熱心になるあまり、子どもそっちのけで－保護者の熱意のみで－展開していないか気になるところである。子どもと共に読書を楽しんでくれていればよいのだが。吉岡先生は保護者会の時などに、その点行き過ぎのないようにとも話されている。

そうやって本や読書に関心を持ち始めた子どもたちに向けて図鑑の指導をしているがこれも重要な取り組みである。子どもにとって図鑑は馴染みのない本ではない。しかしながら、これまで、すてきな写真や絵の載っているアルバムとしてながめてきたのではないか。図鑑の目次や索引、凡例の機能が理解されることによって図鑑は調べるための本として利用できるようになる。１度指導してよしとせず、繰り返して指導していくことも重要である。朝暘一小の図書館クイズの実践をアレンジして図鑑用のクイズも作り実践されている。子どもは楽しみながら図鑑の利用に慣れていくわけである。

はじめの指導の大切さ～１年生の読書指導・利用指導

９月で注目したいのは１年生の読書指導・利用指導だ。はじめの指導の重要性を確認しておきたい。

本書で度々先行実践として取り上げられている山形県鶴岡市立朝暘第一小学校は入学式のその日から読み聞かせや学校図書館の案内が行われ、学校図書館活用へ誘い、素晴らしいが、そこまでできる学校ばかりではないように思う。学校の事情に応じた展開が大切なのである。附属世田谷小学校では幼稚園・保育所期から小学校期への移行のため、１年生の１学期には何事も緩やかに取り組まれていて、学校図書館についてもその例に漏れない。教室への出前読み聞かせから、子どもたちの関心を高め、初めて学校図書館と出会い、館内を探検し、魅力的な本と出会い、ひたりつつ、本の貸し借りの方法などの利用方法を学んでいく。図書の時間の度に吉岡先生は読み聞かせをし－その影響を受けて学級で読み聞かせに取り組む教師も増えてきている－子どもたちを本好きにする環境を醸成しつつ、１学期末の７月に読書指導の重要なツールである読書ノートに出会わせている。この読書ノートは目録の電算化に伴い子どもの手元にすぐにわかる読書記録がないことから考えられたものだが、読んだ本の書誌情報を記録することを通じて、読んだ本のことを振り返る機会を作り１冊１冊との出会いを大切にするという指導意図が込められている。１年生はこの読書記録との出会いの時期でもあるので、

10月の学校行事／図書館活動

《学校行事》
・秋を利用した授業

《図書館活動》
・読書指導としての帯作り
・児童によるブックトーク
・図書館での秋さがし

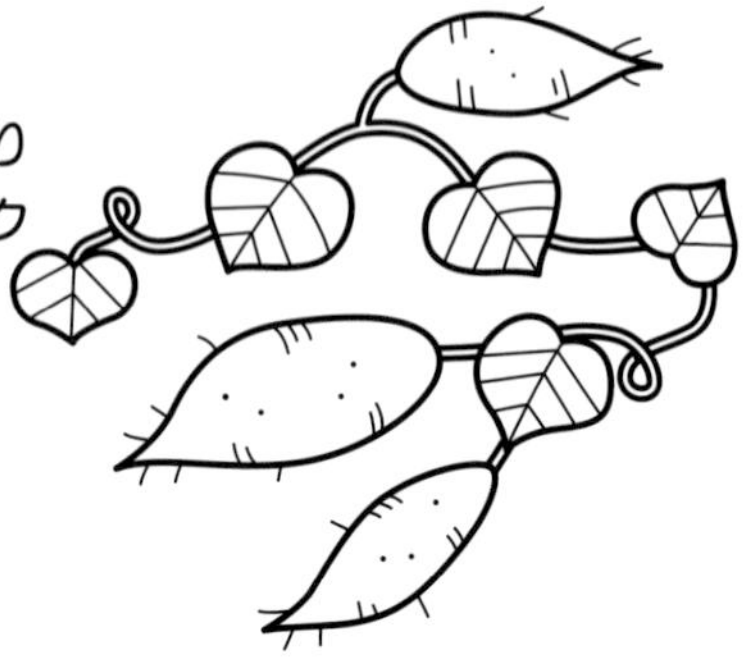

帯作り

図書の時間の使い方をいろいろ考えています。学級活動で行わないことで読書につながることをメディアルームで行えないだろうかと日々考えています。

東京学芸大学附属小金井小学校の実践で本の帯作りをした話を聞きました。そこで、うちの学校でもやってみようと思いました。これは四年生にぴったりだと思いました。というのも、四年生はかなり本が読めるようになっていますし、毎週図書の時間が取れるので時間的にも余裕があります。そこで、ある日四年生の学年会にうかがって話をしました。すると、すぐに「やりましょう」と言われて帯作りの計画を先生たちと立てました。

実は、三年生の国語単元の中に本の帯作りが取り上げられていますが、本校では行っていません。帯を作るだけではなく、人に伝えるためのあらすじの要約と、その本の良さを示すキャッチコピーを書いてもらおうと思いました。

図書の時間です。「今日（から）は本の帯を作る活動をしたいと思います。本の帯はどんなものがあるか見てください」と言って数点市販の本についていた帯を見せました。

活動は、以下のように行いました。本を一冊決めて読むが、その一冊は少しハードルが高いものにする、それは四年生以上の学年にすすめられるものにする、本を決めたら私に相談に来て決まったら読んでワークシートに記入する、記入したものを見てもらったら帯を作り始める（図書の時間三時間）、という手順です。

ワークシートに書くのは、書誌情報のほかは①あらすじ②キャッチコピーです。書き終わって私のところに見せにきたら、チェックが入ります。「えっ、これじゃあキャッチコピーじゃないと思うよ」とか「この本のいいところはどこ？　キャッチというものはその本が売れるかどうかを決めるものよ」などと話をし、新たに考えることを促したりしました。じょうずに考えられる子どもたちもたくさんいました。担任の先生も子どもたちの中を見て歩いて「おもしろそうな本だね」などと声をかけていました。

さて、いよいよ帯作りの時間です。色画用紙を使ってそれぞれ切ったりはったり絵を描

分類

本の帯を作ろう

4年　　組　名前

本の題名(書名)

作者・著者	出版社	出版年

あらすじ

本のキャッチを書いてみよう。

「帯を作ろう」ワークシート

いたりして帯ができあがりました。

できた帯は、本にかけて特設コーナーに置きました。

ほかの学年の子どもたちもその作品群にすぐに目をとめて、見たり借りたりしていました。帯を作った子どもたちはしょっちゅう図書館に来て、自分が帯を作った本が借りられているかどうかを気にしていました。

ブックトーク作り

五年生は、これまでに数回ブックトークを聞いてきました。ブックトークはいつもは司書が行い、子どもたちは聞き手です。彼らはブックトークを聞いて読んでみようと思った本がたくさんあったという経験を

できあがった作品

持っています。

今回は子どもたちに自分たちでブックトークを作ってみようと投げかけてみました。各学級で五、六人の男女混合でグループを作り、そのグループでブックトークのテーマを決めてもらいました。本を見たりメディアルーム中を歩き回ったりして題名を決め、そこから本選びをしました。

それぞれが紹介したい本から共通するテーマが見えてこない班もあって、全くまとまりがつかなかったのに「連想ゲームという題にしました」というところはさすがです。子どもたちはブックトークの最後に必ず「この本はおもしろいからぜひ読んでください」ということを言います。自分たちが選んだ珠玉の一冊だからでしょうか。

秋さがし

学校のイチョウの木からぎんなんが落ちたり、ドングリをあっちこっちで見かけたりするようになったころ、二年生は秋さがしをすると言って駒沢公園に行きました。駒沢公園は正式には駒沢オリンピック公園といっていろいろな競技施設がありますが、大きな木々が茂っていて、朝早くからジョギングやお散歩をするたくさんの人がいます。学校からは歩いて二十分ぐらいのところにありますので、いろいろな学級活動で行く公園でもあります。子どもたちが、葉っぱや木の実を見つけて拾ったのを持ち帰ってきて教室でそれぞれドングリ工作をしたり、葉っぱをはったりしている姿を見かけました。

そこで、学年の先生たちに「メディアルームで本を使って秋さがしをやらせたいのですが」と相談しました。先生たちに詳しく話をすると「ぜひやってください」と言われました。

ある図書の時間でした。「メディアルームで秋さがしをしましょう」と突然言いました。子どもたちは「えっ」という顔をしましたので、「メディアルームにはたくさんの本がありますね。この本の中から秋の本をさがしましょう。みんなが駒沢公園でさがした秋のことを思い出してね」と言って一枚のワークシートを配りました。これは、日常的に取り組んでいる「読書ノート」の体裁なので、書きやすかったようです。

「ぼくは、ぜったい絵本の中から見つけるんだ」と意気込んでいたけいすけ君が持ってきたのは『**ひみつ**』クリストフ・ル・マスヌ 文／アラン・シッシュ 絵／石津ちひろ 訳（評論社）でした。「どうしてこの本が秋だと思ったの？」と聞くと、「だって、この木の葉っぱがオレンジ色や黄色をしているでしょ」。ゆうちゃんは『**ドングリ**』こうやすすむ 作／絵（福音館書店）の本を4類の所から持ってきました。あみちゃんは『**木の実の恐竜たち**』中山圭子 作（トンボ出版）の本を7類から持ってきました。こうして、みんなで集めた

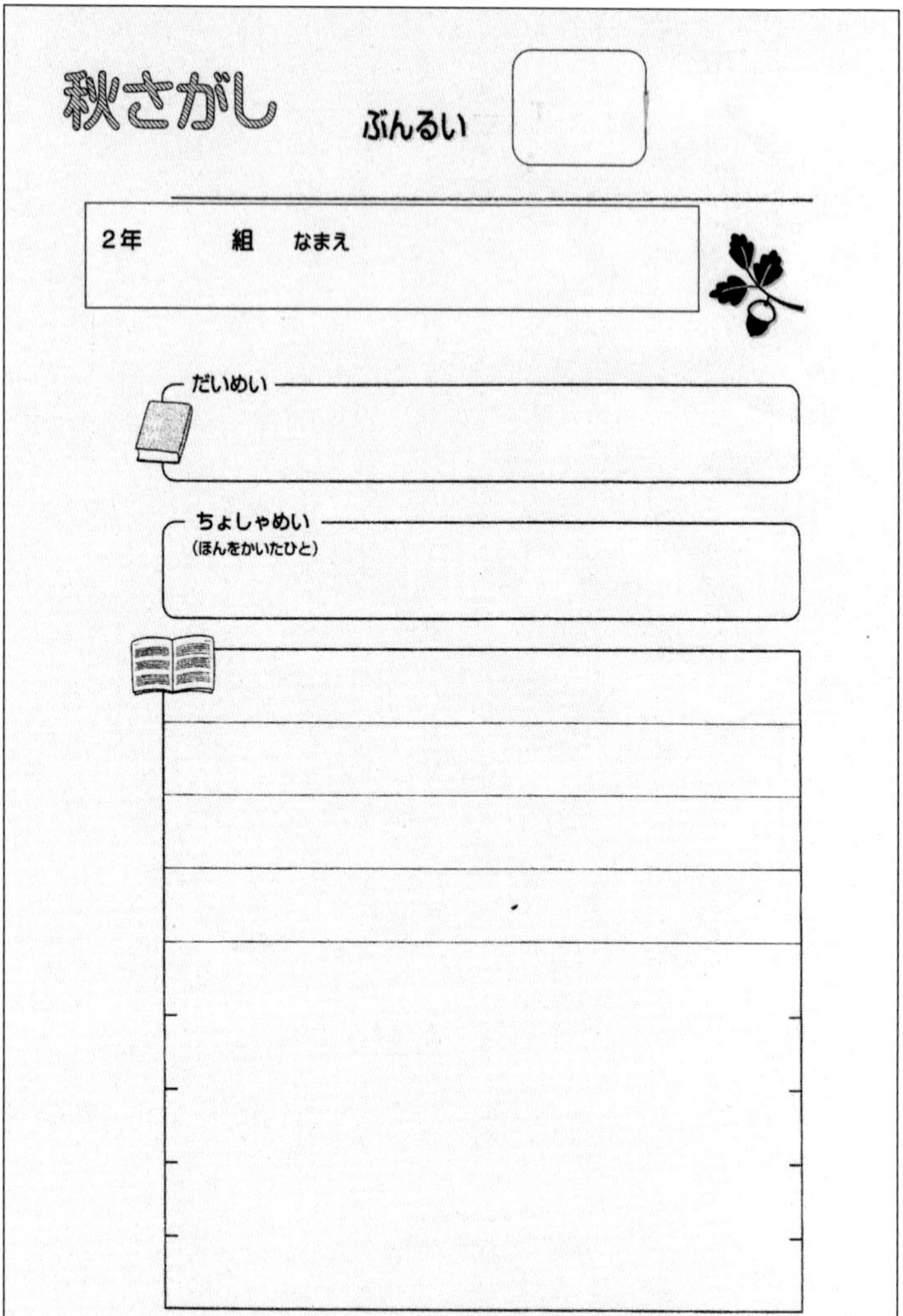
秋さがし
ぶんるい
2年　組　なまえ
だいめい
ちょしゃめい
（ほんをかいたひと）

秋さがしのワークシート

本を一緒に見ました。なかなかさがせなかったじゅん君が「あっ、そうか」と言って、棚に飛んでいきました。

なかなか見つけられない子どもたちは、『秋のお天気　たのしいお天気学3』渡辺和夫著（小峰書店）とか『あきのほし』かこさとし著（偕成社）などにしていましたが、「先生この本でもいい？」と言ってきたシオリちゃんは『たんぽぽ』平山和子文／絵（福音館書店）です。「タンポポって春の花じゃないの？」と聞くと、「これには、秋のタンポポも載っているの…」と言います。私の考えの浅さを感じました。

本を見る時にいろいろな見方ができることを感じましたし、子どもにとっても楽しんでできる活動でした。このようにこちらから活動を作っていくことも、時には大切です。

メディアルームでの秋さがしは吉岡先生の発想によるものだが、秋さがしといえば屋外に出てという固定観念を覆す抜群の発想である。本棚の中から秋をさがす子どもたちの発想の豊かさや、本を見る目のきめ細やかさにも驚かされる。これも日ごろから本や学校図書館に親しんでいることが基盤となってのことであろう。

10月のトピックは学校図書館スタッフの研修の重要性を実感させる。ここで取り上げられた本や学校図書館を活用した授業は、吉岡先生の日ごろの情報収集の成果をもとに提案されているのである。何を素材にして、どのような目標・内容で、どのように行うことが効果的なのか、常に意識し、情報収集していくことによって、学校図書館の側から担任に提案して協働の授業を実践するということにつながっている。情報収集は本や雑誌ー『学校図書館』（全国学校図書館協議会）、『子どもの本棚』（日本子どもの本研究会）、『子どもと読書』（親子読書地域文庫全国連絡会）『子どもの本』（日本児童図書出版協会）、『あうる』（NPO図書館の学校）等々ー、インターネットなどのメディア媒体も重要であるが、同じような問題意識を持った者が集まる研究会等に参加して直接実践者から情報収集したり、それを補完するメーリングリストに参加したりして情報の受発信をしていくことが重要である。

学校図書館発の授業協働

10月のトピックは注目したいものばかりである。

本の帯作りの実践では、吉岡先生が調べてきた他校の実践をもとに担任の先生と協働して授業に取り組んでいる。本の帯作りは、光村図書の３年生国語教科書（平成17年度版）の読書単元で取り上げられている。その単元における帯作りでは、本を紹介し合い読書の幅を広げるために帯を作るのだが、ここでは指導の重点に修正を加え、本のあらすじを表現させたり、キャッチコピーを考えさせて、端的にその本の重点を表現させたりするなど、情報リテラシーのスキルを育成することも企図している。もちろん、できあがった子どもの作品は、他の子どもを読書へと誘う働きをするので、よく実践されている本の帯作りの活動と同様の役割も果たすのだが、それと同時に情報リテラシーのスキル指導にもなっているところが重要なのである。

また、子どもが行うブックトークの実践では、普段ブックトークを聞く側から作る側に回ることによって、子どもたちに新たな視点が提供される。取り上げる本を選ぶことは、本をつらぬくテーマについて考えたり、本相互の関係を考えたりすることにつながってくる。また、紹介の順序を考えることは、本をつないで紡ぎ出すストーリーを考えることになる。そのような学習活動を通じて、広く本をさがしたり、ていねいに本を読み返して理解を深めることが期待できるわけである。

11 月の学校行事／図書館活動

《学校行事》
- 読書週間

《図書館活動》
- 栄養教諭との連携
- 『たくさんのふしぎ』を活用した指導
- 情報発信

読書週間　栄養教諭との連携

毎年読書週間には何をしようかな？　と、頭を悩ませています。そんな時、ヒントになる実践を東京学芸大附属小金井小学校の司書、中山美由紀先生から聞きました。それは、読書週間の二週間は、物語や絵本に登場する食べものを給食の献立に入れ、本とメニューを一緒に紹介するという取り組みです。たとえば『ごんぎつね』の日は、マツタケご飯とサンマの蒲焼き、くり入り煮物、『クマのプーさん』では卵カレー、『ぐりとぐら』ではカステラパンなどのメニューにし、本も食堂の入り口に置いたそうです。

本校で行うとしたらどのようにしたらいいかと思い、今年から配属された栄養教諭と相談をしました。本にある食材から組める献立を考えたり、献立の中の食材が出てくる本はないかと考えたりしました。私はこの取り組みに夢中になって本をさがしました。すぐに、紹介を書いたポスターを作り、各階に掲示しました。

むしパンが出る日には『ばばばあちゃんのなぞなぞりょうりえほん　むしぱんのまき』さとうわきこ 作／佐々木志乃 協力（福音館書店）の本を紹介し、デザートにキウイが出る日には『キウイじいさん』渡辺茂男 著／長新太 絵（クレヨンハウス）を紹介しました。でも、シシャモのてんぷらの時には悩みました。そして『ルドルフとイッパイアッテナ』斉藤洋 作／杉浦範茂 絵（講談社）にしました。ネコのルドルフが魚屋からシシャモをくわえて逃げたところが物語のはじめだったからです。

こうして普段と違うやり方の本の紹介も子どもたちには新鮮だったようです。「あの本だ」と言って『キウイじいさん』を手に取って二年生のたつや君が読んでいました。

『たくさんのふしぎ』を読んで

六年くらい前から六年生にノンフィクションを読むことのすすめを始めています。国語科を研究する先生方から六年生の中に説明文を読むことが苦手な子どもたちがいるという相談をされて始めたことですが、ふと『たくさんのふしぎ』が活用できると思い、これを使った活動に取り組むことにしました。

福音館書店から毎月発行されている『たくさんのふしぎ』という雑誌を、本校では長いこと購入しています。すでに二百冊以上になります。わずか四十ページの本ですが、著者たちの切り口がおもしろいものが多いと思います。コラムニストが書いていたり、詩人や芸術家などその筋の専門家がわかりやすく書いたりしています。写真や絵が多いので、高学年ならすぐに読むことができます。

二百冊あまりあるこのシリーズの中から一冊を選んで読んで、その中のおもしろく感じたことを人に伝えるというのがその活動です。

まず、メディアルームの六つのテーブルに『たくさんのふしぎ』を分類別に分けておきました（毎年新学期にオリエンテーションで分類について学びます。図書館の活動の時には必ず分類を意識させています）。子どもたちはテーブルを巡って自分がおもしろそうだとか不思議だなと感じる本を選びます。その本を貸し出し、ワークシートを一緒に手渡しました。宿題です。子どもたちはワークシートに、選んだ本の書誌情報をまず書いて、次にあらすじを二百字程度書きます。その中で子どもたちがこの本の不思議を見つけられたらいいなと思いました。

みゆきさんは『**大根はエライ**』久住昌之 文／絵 を選びました。ワークシートの問いの「こ

分類

6 年　　　組　名前

『たくさんのふしぎ』から

『たくさんのふしぎ』の題名

作者（著者）

出版年

この本のふしぎはなんでしょう？

この本の感想は？

『たくさんのふしぎ』のワークシート

の本のふしぎは?・」にこんなふうに答えました。
＊人間にたとえるとまじめでおとなしいのにいろいろな料理に使われていること。
＊煮て食べるとおいしい味を自分にしみこませる。
＊脇役だが必要。
＊ごはんの脇役（おつけもの）。
＊大根は葉っぱから皮まで食べられる。
＊絞り汁は殺菌効果◎
＊大根は活躍しているのにことばに大根がつくことばはあまり良くない。
＊大根にはいろいろな種類がある。
「感想」には「大根はエライといわれると『えっ』と思うが、この本を読むと『たしかにエライ！』と思いました。大根の料理はおいしいけど煮物はムリです。でも、いろいろおいしいです。大根はシルクロードを渡ってきたのがびっくりしました。エジプトとヨーロッパにもあるなんて不思議です」。

ゆうた君は『カモノハシのなぞ』羽田節子 文／藤井厚志 絵 から「この本のふしぎは?・」に「カモノハシはほ乳類かは虫類かという問題でいろいろな偽物のカモノハシなど（がでてきて）最後はどれが本物かという（ところが）不思議でした」。感想としては「たくさんの偽物のカモノハシがでてきてちょっと気持ちが悪かったです。最後はほ乳類だったのでよかったです（は虫類はきらいだから）」。

ゆたか君は『**似たもの動物園**』川道武男 文／田中豊美 絵 から「この本のふしぎは？」に「顔も体も似ているのに祖先が違ったり生きている地域が違ったり、顔や体は似ていないけれど性質が同じだったりと何組もの動物のそっくりさんがいること」。感想としては「最初には十八グループしかいなかったのに今は四千二百もの種類の動物が生きていることにびっくりしました。フクロアリクイとオオアリクイは同じアリクイだと思っていましたが同じ種類でないことに驚きました」とありました。

さまざまなノンフィクションが、短い文に絵や写真を盛り込んでわずかなページ数で語られているこの本は、本が苦手な子どもにも読めます。残念ながらまだまだ次につなげることは難しいと感じましたが、「こんな不思議なことが」と不思議を発見できたことで、もう少し時間をかければ次の本への橋渡しができるだろうと思いました。次の年にはもう一歩進められると思います。

情報発信

メディアルームはいろいろな方法で情報発信をしています。図書新聞を毎月発行することもそうですが、廊下の掲示板に新刊書の表紙のカバーを掲示することも行っています。メディアルームの中にもいろいろ掲示をしています。子どもたちがその時々で「あっ、読んでみようかな」と思えることと、読書の幅を広げられることを意識しています。子どもたちは図書新聞（五六ページ参照）をよく読んでいるようです。「あそこに載っていた本はどこ？」と新聞発行直後には必ず質問をされます。低学年の子どもたちはおうちの人と見ているのでしょう。図書の時間に図書新聞に丸をつけて「この本はどこ？」とか「この中の本で借りられてないのはどれかな？」ということを聞きに来ます。

小学校は図書の時間があるので子どもたちはほとんど毎週やって来ます。メディアルームの中の掲示をよく見ています。本の紹介をする時にはその本がどこにあるのかを見つけやすいように分類を入れるようにしています。今掲示しているものは、「こんな本どう？」というおすすめの本の掲示、「さいきん映画になった本」、「○先生のお母さんが翻訳した本」、「野球好きのための本」や「うんちの本」。子どもたちは掲示を見て「この本借りようかな」とつぶやきながら本をさがしに行きます。また、クイズが大好きな子どもたちに向けて「この人だあれ？」といってみんながよく知っている作家の写真をはったりもします。それをめくると作家の名前と作品が書いてあるのです。

ところで、せっかく作った掲示だからとかコーナー展示に思いを入れて作ったからといつまでも置いておくものではないと思います。ある司書さんから掲示やコーナー展示を作っても子どもたちが見ていなかったらさっさと撤収するという話を聞きました。

私も見習いたいと思いました。

壁面の掲示の例

コラム　ボランティア、保護者の手を借りる

十年ぐらい前のことです。本校の改装に伴い、メディアルームを閉館しました。この機会にメディアルームの本をすべてコンピュータ管理させるようにしたいということを、学習資料部の先生や管理職の先生と相談して決めました。しかし、一万冊余りの本にすべてバーコードをはって登録をすることは私一人では手に余りました。

そこで、保護者にお手伝いを呼び掛けました。一つは、段ボールに詰めた本をいったん出してバーコードをはる。もう一つはコンピュータに本のデータを入力するというお手伝いでした。コンピュータ入力は交替に来てその方の空いている時間に入力をしていっていただきました。バーコードはりは短期間にどんどんはっていってもらいました。おかげで、三か月という改装期間内にすべての本を入力することができました。

ボランティアをお願いすることは時には難しいことだと思います。ボランティアには限界があります。はっきりとした要求がある時や、必要なところではボランティアの方たちがいきいきと活躍していらっしゃいます。学校として組織的にお願いしているところもあ

ります。あるボランティアは本の修理、あるボランティアは本の整理、また図書館の中の飾りを作るというようにお願いしている学校もあります。ただ、そのためには図書館側が充分準備をしなくてはならないし、時間的にも子どもがいない時間帯を取るのが難しい状態です。ほかの附属の学校ではボランティアの保護者の方たちがいろいろ活動していらっしゃいます。

本校では、学級で読み聞かせをしたい保護者の方が担任の先生と相談して、毎週本の読み聞かせを行っているクラスがいくつかあります。その保護者の方の集まりに呼ばれて選書のお話をしたり、読み聞かせの本の相談に乗ったりすることがあります。直接的な図書館のボランティアではないのですが、保護者の方たちと一緒に子どもたちを育てていっているという思いになります。四年生の読み聞かせの保護者から、四年生になっても絵本の読み聞かせでいいかと聞かれたり、長い本を毎週一章ずつ読んでいきたいがどんな本がいいのだろうかと相談されたりします。二年生の保護者からもどんな本がいいかという質問をされたので昔話を読むのもいいのではないかと言ったこともあります。

担任や私が図書の時間に読むのと全く異なって○○ちゃんのお母さんが読んでくれたということで、子どもにとっては違った喜びがあるようです。読書ノートにもそれぞれ読んでもらった本も書いています。

あっても食育の重要性は強調され、認識されており、同趣旨の取り組みがされているところが多い。食育に取り組む授業·行事の支援も学校図書館は視野に入れていかねばならないし、連携によって教育課程の展開に大きく寄与することができるだろう。5月で示した保健室・保健行事・養護教諭との連携共々考えていきたいところである。

また、『たくさんのふしぎ』を活用した協働授業についても取り上げられていた。説明文を読むことが苦手な子どもに、楽しくたくさんの説明文を読ませたいという国語科を研究する教師たちとの相談から生まれた授業とのことだが、学校図書館の特性を遺憾なく発揮した実践である。『たくさんのふしぎ』は小学校３年生以上を読者と想定した月刊誌で、科学、生活、歴史等々の大変興味深いテーマを取り上げている。毎号が時間をかけてていねいに作られた優れたノンフィクション作品で、写真や絵·図版も素晴らしく、ページ数も 40 ページ程度と気軽に読める。ビジュアルに作られており、読書の苦手な子でも手に取りやすい雑誌である。この雑誌を利用して、取り上げている不思議とは何かを読み取らせ、またその本に対してどのような感想を持ったのかを表現させている。情報リテラシーを育てる実践としては大変有効である。

最後に情報発信の重要性について確認しておきたい。コラムで取り上げた図書新聞は、対象別にきめ細かに発行され(P58、59)、それと連動してコーナー展示等もされている。このような働きかけが子どもや教師、保護者を学校図書館に誘っているのである。

栄養教諭との連携と国語科授業での協働

11月のトピックで注目したいのは連携にかかわるものである。

先行実践に学び、読書週間に取り組んだ栄養教諭との連携は有効性の高いものである。今回は読書週間と学校給食のタイアップで、本に出てくる食事を給食で提供するという実践で、子どもたちに好評であったと聞いている。学校図書館としては食を通して読書への関心を高め、栄養教諭としては食に関心を持ってもらうことができ、双方にとって効果的な実践であったと考えられる。栄養教諭の制度は平成17(2005)年から始まったもので、学校における食育推進の中核的な役割を担うのが栄養教諭である。その職務の内容は

（1）食に関する指導

（2）学校給食の管理

であり、特に（1）では

①肥満、偏食、食物アレルギーなどの児童生徒に対する個別指導を行う。

②学級活動、教科、学校行事等の時間に、学級担任等と連携して、集団的な食に関する指導を行う。

③他の教職員や家庭・地域と連携した食に関する指導を推進するための連絡・調整を行う。

こととなっている。小学校での配置は都道府県の判断によるので配置されていないところもあるが、そのようなところで

12月の学校行事／図書館活動

《学校行事》

・終業式

《図書館活動》

・クリスマスの展示

・国語と連携したブックトーク

・情報整理

クリスマス特集

季節に応じた飾りつけをするのは図書館の飾り付けとしては定番でしょう。特に、クリスマスには知らん顔ができません。町でクリスマスの飾りが目につくようになるころ、そろそろ今年はどんな飾りつけをしようかと考え始めます。本屋さんに行ってみると、クリスマスの本が、つい買いたくなってしまうような彩りが美しくわくわくする題名で今年もたくさん並んでいました。普段は本棚の中に埋もれているきれいなクリスマスの本がたくさんあるということを子どもたちに知らせたくなってきます。そこで、なるべく本の表紙を見せた展示をしました。そして最近町で売っているものからヒントを得て作ったものを次に紹介しましょう。

クリスマス用品を売っているお店でアドベントカレンダーを見つけました。サンタクロースの美しい絵や、雪景色の絵のところに1から24の数字がちりばめられています。それを日にち順に開いていくと、中からかわいい絵が出てきたり、チョコレートが入ったりしていました。もともとはクリスマスを待つという外国の習慣のものなのでしょう。これをまねしてみようと思いました。

まずクリスマスの絵本を二十四冊選びました。次に、その表紙を葉書の大きさに印刷をして用意をしました。ある年のクリスマスには黒い厚めの模造紙に窓をくり抜き、窓の上に数字をランダムに書きました。その窓を開くとその日のクリスマス絵本が出てくるという仕掛けです。窓をふさぐものには星形の金のシールを使いました。土曜日や日曜日の窓もかまわず作り、月曜日には三枚が開いているようにしました。はじめは真っ黒で星が並んでいるだけのものが、どんどん開いていくと華やかになってきました。

その翌年には少し変えてみました。ある日、雑貨を売っているお店で、クリスマスツリーのような形に小引き出しを積み上げたアドベントカレンダーを見かけました。今年はこんなふうに作ろうと思いクリスマスツリー型に並べてみました。バックにはグリーンの模造紙をはりました。今年も華やかなアドベントカレンダーができました。こうしてクリスマスを待つ気持ちになっていきました。

ちょうど、市販のクリスマスツリーをもらいました。何度も使った少々くたびれたものでしたが、これに図書館らしい飾りを飾りたいなあと考えました。そしてこんなことを思いつきました。名刺大の紙に、本の紹介を書き、パウチをして一〇〇円ショップで購入した小さな洗濯ばさみで木に留めました。鉢の周りをクリスマス柄の布地で覆い、ライトを点滅させました。これこそは図書館の飾りつけではないでしょうか。もっと大きなクリスマスツリーだったら大きめの紹介文を書いて飾りたいのですが、こんなところに予算はなかなか使えません。

この時期になると一〇〇円ショップにはいろいろな飾りが登場してきます。クリスマスツリーにつける点滅ライトも、クリスマスツリーを華やかにするためのモールも一〇〇円ショップで求めました。

クリスマスツリーを使った装飾

月曜日の朝、登校するなりやって来た子どもたちは皆「おー!!」と言ったり、「うちもクリスマスツリー飾ったんだ」と言ったりしながら入ってきました。クリスマスの飾りは気持ちをうきうきさせるものです。どの本を借りようかなとやってきた子どもたちは、まずクリスマス特集の本（一四六ページ参照）から選び出しました。

十二月の絵本の読み聞かせはクリスマスの本が中心です。華やいだメディアルームの中で、普段はあまり絵本を読まない高学年の子どもたちも手にとって見ています。

低学年のブックトーク

二年生が国語で『お手紙』アーノルド・ローベル さく（『ふたりはともだち』（文化出版局）から）の学習に入るので、教科書から本への橋渡しをしたいと思いました。

私は、よく学年会にお邪魔をしたり、子どもが帰った後の時間に担任の先生と話したりします。ちょうどその時に図書の時間を使って「てがみ」のブックトークを行ってみてはどうでしょうかと相談をしました。十二月は子どもたちにとっても年賀状を書いたり、クリスマスカードを書いたりする時期です。担任からも、そんなことを踏まえたブックトークをやってほしいと依頼されました。

ブックトークの後、子どもたちにワークシートに書いてもらいました。

①ブックトークの感想。
②どの本が読んでみたかったですか？
③考えたこと、思ったこと。
④だれに手紙を書きますか？

③の考えたこと、思ったことで子どもたちが書いていることを紹介しましょう。
「わたしは、よくおばあちゃんや友だちに、お手紙をあげているので、これからもずっとそれを続けたいと思いました。あと、もうちょっと工夫をしてお手紙をあげたらいいかなとも思いました」。

「わたしも、くふうをしたお手紙を作りたいです。こんどはちがうお手紙をさがしたいです。手紙であんなつながりができてすごいです」。

「もし、けんかなどをする子がいたら、その子たちがなかなおりできるように、私が手紙や言葉をはいたつしてもいいなあと思いました」。

「ぼくは、今までにいろんな人からもらったお手紙をはこの中にいれて大切にとってあります。みんな、ぼくにいっしょうけんめい書いてくれたから宝ものにしようと思いました」。

そして、「だれに手紙を書きますか？」というところには、友だちの名前、家族、いとこ、先生、おかあさん、そして、未来の自分というものがありました。

ブックトークおてがみ

2年　　　　組　なまえ

きょうのブック・トークをきいて　わかったことはなんですか？

どの本をよんでみたいとおもいましたか？

かんがえたこと、おもったこと

または　　　　　　　　　　　　　　　　　　　　にてがみをかきます。

お手紙のブックトークのワークシート

ネズミ捕り

二年生のあるクラスでした。

子どもたちに「今日はみんなにねずみの本をさがしてもらいたいんだけど」というと、「わかった！」とみんな張り切ってくもの子を散らすようにメディアルーム中に散らばりました。「ねえ先生、**『ぐりとぐら』**（中川李枝子 文／大村百合子 絵（福音館書店））」と一番に持ってきたりょう君に続いて、次々に持ち寄られた本が机の上に積み上げられました。もちろん**「14ひきのねずみ」**シリーズ（いわむらかずお 作（童心社））もあります。**「ミス・ビアンカ」**シリーズ（マージェリー・シャープ 作／ガース・ウィリアムズ 絵／渡辺茂男 訳（岩波書店））、**「編集長ジェロニモ」**シリーズ（ジェロニモ・スティルトン 著／郷田千鶴子 訳（フレーベル館））もありました。

こうした「図書館で本をさがそうゲーム」は、秋さがしに続いて楽しみながらいろいろな本に触れることができて、子どもたちの読みの広がりにつながると思います。

たくさん集まったのを見て「あっ、先生来年の十二支でしょ？」と聞いてきた子どもがいます。たしかにこの年は、一石二鳥で干支の本を展示するために役に立てましたが、毎年は行えないようです。なぜなら、ヘビやイノシシの本は数冊しかありませんし、トラの本も入手可能なものは二十冊前後しかないからです。

情報整理

毎月行われる自主研究会（学校図書館の司書が中心です）ではいろいろな学校で行った実践記録や広報活動で作った新聞などをいただいてきます。同じ附属の仲間からも印刷物を作った時には学内便で送られてきます。

それらのものが、ゆっくりファイルをしたり、読んだりすることもできずにかごの中にたまってきました。そろそろ、二学期が終わりに近づいてきて短縮授業になるころ、重い腰をあげてファイリングにつとめます。そんな時、今まで気がつかなかった素適なアイデアに出会います。「こんな事を年が明けたらやってみようかな」とか、「いい本が出ていたので早速購入しなくては」、「来年のオリエンテーションに向けてこのアイデアをもらっちゃおうかな?」など司書にとってはこのような横のつながりは本当にありがたいものです。

ファイルを整理して、古いものを捨てて新しいものを入れていく作業は、そんな思いの中でやっているのでゆっくりしかできません。普段、もう少し余裕を持って印刷物に目を通せるといいなあと、反省をしています。

冬休みに入ると間もなく、お正月の準備を始めます。

また、低学年児に向けたブックトークの実践が紹介されている。国語の授業と学校図書館をつなげる、アーノルド･ローベルの「お手紙」にまつわるブックトークをした後に「ブックトークおてがみ」というワークシートに取り組ませている。このワークシートで取り上げている項目は次の３点である。

①ブックトークを聞いてわかったこと

②（紹介された本の中で）どの本を読みたいと思ったか

③考えたこと、思ったこと

①はブックトークで得た情報（事実認識）にかかわるもので、ブックトークのテーマや紹介された本、紹介のされ方などが書かれる。②はその中で自分がどの本を手に取りたいと思ったのかを意識させるものだ。どうしてその本を手に取りたいと感じたのかも意識化できる。③はブックトーク全般に関する感想で①②では表現できなかった点なども書かれる。これら３点は実はブックトークという様式の表現から、子どもが読み取り考えてほしい重点なのである。このような指導を低学年期に行うことによって、子どもたちにはブックトークを読み取るスキルが育てられていく。子どもたちのスキルが高まれば、表現する側もより高度な表現に挑戦していくことになるし、10 月で取り上げたように聞く側だった子どもがブックトークに挑戦するようにもなっていくのだ。

魅力ある学校図書館作りとブックトーク

12月はクリスマス特集を取り上げている。それぞれの信ずる宗教が何であるかは別として、多くの子どもたちが楽しみにしているクリスマスの時期には、当然学校図書館もクリスマスを取り上げる。100円ショップを有効に活用して華やいだ雰囲気に学校図書館の装いを変えていく吉岡先生の手腕が読み取れる。ただ、それも子どもたちを本と出会わせるための仕掛けなのである。この時期は学校図書館や読書と縁の薄い子どもに本を手渡したり、学校図書館とのきずなを強めたりするよい機会である。読み聞かせ、展示、装飾の三位一体のアプローチで子どもにアピールしていきたい。

ここで、絵本を中心にすすめていることも見逃せない。コラムでも取り上げているが（P.68）、絵本には固有の価値がある。小さな子ども向きの簡単な本だという観念にとらわれないようにしたいものである。学校の教師は、易より難へと導くことが大切との思いから、読書指導でも絵本のような文字数の少ない簡単な本から、絵が少なく文字の多い厚い本が手に取れるようになっていくことがよいと思いがちである。そのような雰囲気が子どもにも伝わってしまっていると、学年が上がるにつれ、絵本に手を伸ばさない子どもが増えていく。それは子ども個々の実態に応じて読書の幅を広げたり質を高めたりする点からもったいない気がする。絵本には凝縮された真理が描かれているのだ。

1 月の学校行事／図書館活動

《学校行事》
- 始業式
- 日本の遊びの会

《図書館活動》
- 正月のディスプレー
- 総合学習の支援

日本の伝統行事

このごろ、小学校の子どもたちは学級活動の中でもハロウィーンパーティーをしたり、クリスマスをお祝いするために自分たちでディスプレーやイベントを考えたりと素敵な計画を立てています。ところが古くからある日本の行事は忘れかけているような気もします。学校図書館としては日本の伝統の行事を取り上げて、その意味を考えたいと思いました。

お正月はよい機会だと思いました。お正月の前後から始まる行事には昔から伝わる願いや願掛けのようなものがあります。子どもの本の中にはお正月のことを扱った本があります。ところが、お正月の本は調べ学習のための本の体裁を取っているものがほとんどで普段はあまり借りられません。そこで、低学年から高学年まで、また調べ学習の本以外の本も取り交ぜてお正月をテーマにしたコーナー作りをしました（一四七ページ参照）。

テーブルにも小コーナー展示として本物のしめ縄と『しめかざり　たくさんのふしぎ』森須磨子 文／絵（福音館書店）を置いたり、重箱に本の紹介カードとおせち料理の写真を入れたりしました。そうすると雰囲気がお正月になってきます。廊下の展示ではすごろくのように本の紹介を並べました。

こうしたコーナーや展示は二月、三月も継続して作ることができます。二月は節分がありますし、三月はひな祭りです。それぞれの行事に合わせた展示や読み聞かせをすること

お正月の小展示

で、子どもたちも日本の伝統行事への理解が深まるのではないかと思っています。

先生との協働

子どもが帰った後の放課後にはよく先生たちといろいろな話をしていますが、その時に今こんなことを学級でしたいとか、こういうことを考えているとかいう話を聞きます。一年生のある組では、学級活動としてすごろくを作らせたいという思いを担任が持っていました。どんなすごろくにするか考えている様子でした。

そこでは学級の朝の会の時に『**エルマーのぼうけん**』、『**エルマーとりゅう**』（いずれもルース・スタイルス・ガネット作／ルース・クリスマン・ガネット絵／渡辺茂男訳（福音館書店））と続けて毎日先生が読み聞かせをしていました。そんなある日、私は書店で『エルマーのぼうけん』と『エルマーとりゅう』のすごろくを見つけました。すぐに先生に電話をして買っていくかどうかを尋ねました。ぜひ、買ってきてほしいと言われ早速買って帰りました。

ここから、先生は「エルマー」とすごろくを結びつけた実践を考えられました。低学年の学級活動はたくさん遊んだり知ったりしたことから出発すると、活動が生き生きと子どもたち自身のものになっていきます。『エルマーのぼうけん』と『エルマーとりゅう』の

図書館前のすごろく型の本の紹介

児童が作ったエルマーすごろく

すごろくでたくさん遊んだ子どもたちが、『**エルマーと16ぴきのりゅう**』のすごろくがないことに気づき、自分たちで作ることにしたのはまさにそんな活動でした。

ちょうどその活動をしている時に、図書館の掲示板に本の紹介をすごろくの形で作ってはっていました。すぐに気づいて「先生もすごろくを作ったんだね」と声をかけてきた子どもたちがいました。

担任の本の読み聞かせを支援

一年生のほかの組の先生も、絵本の読み聞かせを続けていらっしゃいましたが、次に絵本でないものを読んでみようと思われたようです。毎日少しずつ読みたいので、どんな本がいいかと相談に来られました。そこで『**なんでもただ会社**』ニコラ・ド・イルシング作／三原紫野 絵／末松氷海子 訳（日本標準）をすすめました。『なんでもただ会社』は出版されて間もなく購入した本ですが、もう十年以上前です。そのころ、三年生に読み聞かせをした時、たいそう楽しんでいました。しかし、だいぶ前に出版された本なので普段はあまり手に取られないようになりました。久しぶりに二年生の担任の先生にすすめて読み聞かせに使ってもらいました。大好評でしたので、同じ作者の『**ふしぎなテレビのいじわる作戦**』かみやしん 絵／末松氷海子 訳（文研出版）をすすめました。この本は、クイズに答えられないと背が一センチずつ縮むという子どもたちにとって身近などきどきするテーマです。前の本よりこの学級には支持されました。

学級で先生が本の読み聞かせをすることは、その学級の文化を作っていきます。「…ってこわいよね」などと子どもたち同士の会話の中に本の出来事がつぶやかれているのを耳にします。低学年では一緒に味わった本から次の活動が生まれてきます。本の読み聞かせ、読書ノートに読んだ本や読んでもらった本について書くことで、子どもの中に次第次第にいろいろなものが積み上がっていきます。

日常的な吉岡先生との協働

東京学芸大学附属世田谷小学校 教諭 松本大介

一年生で「エルマーすごろく」という活動に取り組みました。活動の内容を簡単に説明すると、『エルマーと16ぴきのりゅう』を読み聞かせ、そのお話をもとに子どもがすごろくを作っていくという活動です。司書の吉岡先生と様々な場面で協働しながら進めました。まずは、単元を構想する段階です。当初は、学校の中を探検したり、学校の周りのおもしろいものを見つけたりしてすごろくを作ることを考えていました。しかし、それでは、子どもたちとこれまで取り組んできたことと重なっていかないような思いもあり、吉岡先生にも「何かいいアイデアないですかね」と相談していました。そんなある日、吉岡先生が、書店に「エルマーのすごろく」が売られているという情報をもたらしてくれました。実際に子どもたちと遊んでみると、子どもたちも話を思い出しながら楽しそうにすごろくに取り組んでいました。そのようなエルマーの話の世界とすごろくに楽しく取り組む子どもの姿と教師のすごろく作りを行いたいという思いを重ねて、エルマーのお話をすごろくにするという活動を進めていくことにしたのです。

二つめは、「読書ノート」の積み重ねです。本校では、吉岡先生を中心として読んだ本を「読書ノート」に記録するという活動を全校で行っています。その取り組みが予想外の場面で生きてくるのです。『エルマーと16ぴきのりゅう』の読み聞かせがスタートしました。読み聞かせが始まると、毎回、心に残ったエピソードをカードにメモさせていきました。最初は、何を書いたらいいのかわからずに戸惑っていた子どもが多かったです。そこで、私から「読書ノートで毎回書いているようなことでいいんだよ」という声をかけると、子どもたちは、すんなり書き始めました。継続して取り組んでいる読書ノートが、今回の活動の土台となっていくのでした。

今回、吉岡先生との取り組みが、協働の在り方を考えるきっかけとなりました。その中で考えたのは、何よりも、吉岡先生と子どものこと、本のことを話すことの大切さです。普段から、具体的な子どもの姿を交流し合う中にこそ、協働のヒントがあるのではないでしょうか。また、普段の小さな積み重ねも大切だと感じました。読書ノート、保護者への発信、そして週一回のメディアルームの時間は、小さな積み重ねです。そのような司書と共同で取り組んでいることが、子どもたちの様々な活動の土台になっていくのです。

今後とも、目の前の子どもたちと本校司書の吉岡先生と私だからできる授業や活動を実践することを通して、「協働」の姿を追究していきたいです。

このような子ども理解の共有に支えられて、私も吉岡先生に助けられたことがある。高学年の担任をしていた際に、普段とは違った様子で来館していた子どもがいて、そのことを吉岡先生から教えてもらった。早速その子の様子を観察し、話す機会を持ったところ友人関係でトラブルがあり、困っているということがわかった。事態がそれほど複雑になる前に対応することができた。

また、このような子ども理解は学校図書館との協働で行う授業で、資料支援をしたり、ティームティーチングで授業に入る時にも大いに参考になる情報となる。授業での指導は子ども理解がベースになっているからである。

松本先生と吉岡先生の協働は子どもに関する話をベースに授業づくりに関する相談へと発展していった。すごろく作りの活動で授業を構成したいと思っていた松本先生の願いと、子どもたちが大いに興味を示した『エルマーとりゅう』の読み聞かせという事実が、書店の店頭で吉岡先生に「エルマーとりゅう」すごろくを手に取らせたのだ。この資料提供が決定打となって「エルマーすごろく」の単元は構想されていったわけである。日常的に子どものことを話し、本のこと、授業のことを話していたことがこの単元構成を可能にしたのである。

学校図書館業務は多いので、スタッフは図書館にこもりがちかもしれない。しかし協働して発展する学校図書館作りのためには教師とのコミュニケーションが重要なのである。

日常的な協働を拓く

日本の伝統行事のことは2月に触れることにして、ここでは松本大介先生との協働のことから、学校図書館としての日常的な協働について触れておきたい。

吉岡先生は、子どもが帰った後はよく先生たちと「いろいろな話」をしていると書いているがどのようなことを話しているのだろうか。どんな話をすることで協働が生み出されるているのか。本書に寄稿された松本先生は吉岡先生との協働を巡って、重要なのは「何よりも、吉岡先生と子どものこと、本のことを話すことの大切さです」と書かれている。なるほど、子どものことや本のことを話しているのであるということがわかる。これは何を意味しているのだろうか。

学校の教師たちは子どものことが最大の関心事である。だから子どもが今どのような状態にあるか、そしてその子どもの課題は何で、どのようにすれば育てていけるのかを常に考えている。そこで学校図書館のスタッフは学級教室では見られない子どもの姿を担任教師にフィードバックすると、担任教師は子ども理解のための材料を手に入れることができ、喜ぶわけである。そのことをきっかけに担任教師から学校図書館で見せる姿とは異なる子どもの姿について聞かされることもあるだろう。そのようにして子どもの姿を担任と共有することによって、学校図書館で接する子どもについて深く理解ができ、個に応じた対応ができるようになっていくのである。

２月の学校行事／図書館活動

《学校行事》
- 研究発表会

《図書館活動》
- 節分にあわせた展示
- 年度末の整理・統計

鬼の本

一月はお正月をテーマに日本の伝統行事についての展示を行いましたが、二月の節分でも同じことができます。

節分の前後に図書の時間があった一年生には『おにたのぼうし』あまんきみこ 文／いわさきちひろ 絵（ポプラ社）の読み聞かせをしました。子どもたちはちょっとしんみりしながら聞いていました。

鬼の話は昔話の中にたくさん出てきます。ところが、昔話を読んだり聞いたりする機会があまりない子どもたちも多いので、低学年の子どもたちにはこの時期毎回図書の時間に昔話の読み聞かせをしました。高学年の子どもたちには鬼をテーマにした読み物の話をしました。

また、鬼がどういうものか、鬼をどんなふうに思っていたかを知らせたくて鬼に関するポスターを作ってはりました。鬼の角はウシの角のようで、歯やつめは鋭いし、トラの皮で作ったパンツをはいています。これは『**オニの生活図鑑**』ヒサクニヒコ 文／絵（国土社）からの情報です。さらに、節分の意味と、鬼という言葉が日常使われているもの、ことわざや花、昆虫なども一覧にしてはり出しました。これがどれだけ子どもたちに伝わったかはわかりませんが、立ち止まって見ている子どもたちがいました。

展示コーナーには鬼の本を展示します。鬼の本といっても創作絵本から語り継がれてきた民話、創作読み物などいろいろあります。昔話は同じお話の本を二、三種類並べました（一四八ページ参照）。

おすすめの本

低学年のＰＴＡなどでは、機会があるごとにたくさん絵本を読むようにすすめてきましたが、「絵本の次にはどんな本を読んだらいいのでしょうか」という相談を受けます。三年生、四年生の先生や保護者の方からの質問です。中学年の子どもたちの読み物がないという話が司書仲間でもよく出てきます。

この年代の本好きの子どもたちはリンドグレーンやドリトル先生のようなボリュームのあるものを好んで読みます。中学年にすすめる本を選ぶ時、まず読むのが苦手な子どもたちの顔を思い浮かべ、読むことが負担にならない本を選びます。字が多すぎたり、小さかったりすると読まなくなってしまいます。子どもがこの本は自分が求めていた本だなと、思える本との出会いをしてほしいと思っています。そして本を読む喜びを知ってほしいと思います。そんな気持ちでメディアルームの書棚巡りをして選びました（一四八ページ参照）。

研究発表会

勤務校では二月に研究発表会が行われます。通例としては二月か十一月に行われるそうですが、北の方の地域では六月にも行われるようです。全国の先生たちが本校に授業を見にいらっしゃいます。授業の後は協議会があります。

参観者の方が授業や協議会の合間に図書館を見にいらっしゃいます。図書館に足を運ばれる方はどんな図書館か興味を持っていらっしゃる方ですので少々緊張します。掲示を見直して画びょうが外れていないか、本が乱れていないかと前日には館内を見て歩きます。

この時期には先生たちから授業支援の要望があり、本をさがしてほしいとかレファレンスなどの依頼がきます。

九月にエッセーについて聞きにいらした先生は、これまで子どもたちに読ませてきたエッセイをもとに授業をされました。この先生には、リストアップするだけでなく、実際先生に読んでもらうために本をそろえて早めに持っていきました。「私はこれが一押しです」という評価も伝えます。

「二学期にスイミーで劇をしたので、今度は何か物語をもとに、二年生の活動をしていきたいのですが…」と聞きに来られた先生がいらっしゃいました。この先生には二学期にこのクラスに先生が読み聞かせをしていらした『ふしぎなテレビのいじわる作戦』（一二六ページ参照）をすすめました。これは、子どもたちが担任の先生に読んでもらって本当に楽しんだお話なので、きっとここからおもしろいものが作られるだろうと、楽しみになりました。二学期末に行われたスイミーの劇で、全員がよくお話を覚えて表現がとても素敵だったからです。実際この時の劇は見ている方も楽しいものでしたが、演じている子どもたちが楽しんで作っているように見受けられました。

図書館白書　今年度の利用状況のまとめ

二月いっぱいでメディアルームの利用を基本的には終わりにしています。実際三月に入ると卒業の会へ向けて練習をしたり、学級が変わるために学級のお楽しみを計画したりするので図書の時間は取りにくいのです（もちろん求めのある学級では行っていますが）。二月末に、今年度の利用状況のまとめ、メディアルーム白書（図書館白書）を作ります。購入状況、学級のメディアルーム利用状況、利用者、貸し出し冊数、予約状況、分野別利用状況などを一覧にしています。それを必ず三月の初めの職員会議に配って全部の先生たちに見てもらうようにしています。

このようにここでまとめておくことは、司書である私にとっても大事な振り返りです。毎日マラソンをしているように行ってきたことを振り返り、昨年より利用状況はどうか、子どもが利用する資料がたくさんあったか、先生がメディアルームを使いたいと思われたか、授業支援ができたかなど思いを巡らせながら白書を作っています。

一人職なので、このように振り返ることにより次の年への試みを考えることもできます。

貸し出し終了

貸し出しは二月いっぱいにしています。二月の最後の図書の時間に「蔵書点検を三月からします。本が借りられないけど、うちの学校にある一万五千冊の本を全部あるかどうかを確かめるので、早く返してもらわないとできないの。一年に一回やるので、三月は利用できないのを我慢して近くの図書館から本を借りていてね」と話します。子どもたちは納得して協力しなくちゃと思ってくれているようです。

平成21年度　メディアルーム白書

今年度受け入れた書籍

書籍購入

1008冊

寄贈

124冊

計　1132冊

分類別

0:総記	6
1:哲学	9
2:歴史	91
3:社会科学	43
4:自然科学	119
5:技術・工学	52
6:産業	33
7:芸術・美術	29
8:言語	19
9:文学	28
E:絵本	206
R:読み物	326
X:文庫本	171

雑誌　購入　63冊

Moe
Piano
おおきなぽけっと
たくさんのふしぎ
ポプラディア
子供の科学

貸出利用状況

	0:総記	1:哲学	2:歴史	3:社会科学	4:自然科学	5:技術・工学	6:産業	7:芸術・美術	8:言語	9:文学	E:絵本	R:読み物	文庫本	雑誌	合計
1年	7	0	72	96	626	59	43	461	28	33	1879	2125	284	2	5715
2年	9	6	137	102	784	254	112	596	102	36	3779	3881	950	1	10749
3年	90	13	141	163	489	292	187	480	47	205	951	3285	1805	3	8151
4年	15	7	230	179	481	230	86	394	52	341	498	3033	1521	53	7120
5年	13	3	139	14	104	24	16	175	33	385	48	2940	1254	12	5160
6年	27	23	649	114	387	212	90	245	45	810	86	2784	694	121	6287

合計　43182冊

上位貸し出し書籍

かいけつゾロリ　シリーズ	原ゆたか
にんきもののひけつ	森絵都
スーパーヒーローパンツマン	ディル・ピルキー
そのトリック、あばきます。サエと博士の探偵日記	石崎　洋司　作
ぴょこたんのなぞなぞサンタクロース	このみ　ひかる
こまったさん　シリーズ	寺村輝夫　作
マジック・ツリーハウス　シ	メアリー・H・オズボーン
バムとケロ　シリーズ	島田ゆか
メダカのえんそく	阿部　夏丸
水木しげる世界の妖怪大百科	水木　しげる
らくだいにんじゃらんたろう　シリーズ	尼子騒兵衛
ミッケ！　4 ミステリー	ウォルター・ウィック
100かいだてのいえ	いわい　としお
レインボーマジック　シリーズ	デイジー・メドウズ
まじょ子　シリーズ	藤真知子

2年　にんきものひけつ
かいけつゾロリ　シリーズ
スーパーヒーローパンツマン
3年　学研まんがでよくわかる　シリーズ
IQクイズ
4年　宇宙スパイウサギ大作戦
クラマ博士のなぜ
ニック・シャドウの真夜中の図書館
5年　ぼくらのデスマッチ
ほんとは好きだよ
空へつづく神話
6年　穴
ネルソンさん、あなたは人をころしましたか？
守り人　シリーズ

予約した分野と冊数

0:総記	1:哲学	2:歴史	3:社会科学	4:自然科学	5:技術・工学	6:産業	7:芸術・美術	8:言語	9:文学	E:絵本	R:読み物	文庫本	合計
0	3	3	1	4	3	1	4	0	1	9	65	58	151

時をかける少女（角川つばさ文庫）
天才作家スズ秘密ファイル　1
怪談レストラン
だまされる目錯視のマジック
ふしぎなえ
ぼくらの七日間戦争（「ぼくら」シリーズ）
マダガスカル2（角川つばさ文庫）
小説侵略！ケロロ軍曹

メディアルーム（図書館）白書

し出し状況、予約状況、授業支援回数、授業支援内容等）で数値化できるところは数値を明らかにしつつ、また取り組んだことはドキュメントとして、この１年間の学校図書館の活動記録を整理し全教職員に示すことが重要である。具体的にどのような項目が必要なのかについては、CEC（財団法人コンピュータ教育開発センター）のウェブサイトのＥスクエア·プロジェクト、校務テンプレートの図書館の項に（http://www.cec.or.jp/E-square/Tplate/shou_main.html） 各種テンプレートが公開されており、無料で利用できるので参考にしていただくとよいだろう（2010年5月5日確認）。

これらの記録を整理するということは、日ごろから記録を作成するための準備をすることが必要となってくる。資料に関するものは、目録を電算化し、貸し出しもコンピュータ上で行っているところではそれほど問題はないと思われる。しかし、学級ごとの来館回数や、授業支援の事例・状況などについては別途記録が必要である。学校図書館日誌等の市販のものに記録してもよいし、ノートに記録するのでもよい。これらの記録を定期的に図書新聞に掲載しておくと、図書新聞自体が学校図書館活動の記録にもなって、一石二鳥である。

この記録から、今年度の学校図書館活動の成果と課題を整理して学校評価の俎上にのせ、全教職員の意見を聞くことが必要である。この検討過程で出された意見をもとに、次年度の学校図書館の経営方針を作ることによって、より広く・深い支援・連携・協働の基盤が作られるのである。

白書作りで評価と新たな実践を

２月で取り上げたトピックは節分に関する展示と図書館白書の作成である。

これまでも学校図書館は日本の伝統文化をはじめ、世界各国の伝統文化を紹介する資料を備え、子どもたちに手渡してきたはずである。近年、生活の欧米化による伝統文化に触れる機会減少を懸念し、教育基本法を改める際に第２条５項で「伝統と文化を尊重し、それらをはぐくんできた我が国と郷土を愛するとともに、他国を尊重し、国際社会の平和と発展に寄与する態度を養うこと」という文言が加えられた。これに伴い学習指導要領でも各教科・領域等に日本の伝統文化について扱う学習が位置づけられている。それらに目配りしつつ、日本の伝統文化を子どもに伝える資料を備えることが求められている。

本書では１月でお正月、２月で節分を取り上げているが、このほかにもひな祭りや端午の節句、七夕節等々日本の伝統文化に触れる機会は多くある。学校行事で取り組む場合もあるので、それらとの連動も考えておきたい。

２月で最も重要だと考えるのは図書館白書制作にかかわることである。３月に年間計画をつくり、修正しつつ行ってきた学校図書館の活動を評価するための取り組みである。学校図書館の現状（コレクションや施設・設備等の現状）、利用状況（来館者数、来館学級回数ー定期・不定期を含めー、貸

本文で紹介した書籍

3月

『雨やどりはすべり台の下で』岡田淳 作／伊勢英子 絵（偕成社）

4月

『きょだいな きょだいな』長谷川摂子 作／降矢なな 絵（福音館書店）

『おばけのいちにち』長新太 作／絵（偕成社）

5月

『女の子の心とからだ』北村邦夫　監修／ WILL こども知育研究所 編著（金の星社）

『男の子の心とからだ』同上

『おんなのこってなあに？　おとこのこってなあに？』

ステファニー・ワックスマン 文／山本直英 訳（福音館書店）

『おっぱいのひみつ』やぎゅうげんいちろう 文／絵（福音館書店）

『おへそのひみつ』やぎゅうげんいちろう 文／絵（福音館書店）

『おちんちんのえほん』山本直英 文／佐藤真紀子 絵（ポプラ社）

『まあちゃんのながいかみ』たかどのほうこ 文／絵（福音館書店）

『クワガタと少年』大村あつし 作（クレオ）

『キツネ和尚と大フクロウ』富安陽子 作／長野ヒデ子 絵（あかね書房）

6月

『DIVE!!(ダイブ)』１～４　森絵都 作（講談社）

『すいえい大とっくんわるいとのさまをやっつけろ！

らくだいにんじゃらんたろう』尼子騒兵衛 作／絵（ポプラ社）

『せとうちたいこさん　えんそくいきタイ』長野ヒデ子 文（童心社）

『こぎつねキッコえんそくのまき』松野正子 文／梶山俊夫 絵（童心社）

『あしたえんそくらんらんらん』武田美穂 作／絵（理論社）

「つんつくせんせい」シリーズ　たかどのほうこ 作／絵（フレーベル館）

『ふしぎの時間割』岡田淳 作／絵（偕成社）

『科学のアルバム メダカのくらし』草野慎二 著（あかね書房）

『新聞をつくろう』大沢和子・原正・長谷川孝 著（さ・え・ら書房）

『こちら「ランドリー新聞」編集部』
アンドリュー・クレメンツ 著／伊東美貴 画／田中奈津子 訳（講談社）
『遠くへいく川』加藤多一 著／中村悦子 絵（くもん出版）
『ふたりのロッテ』エーリッヒ・ケストナー 作
『崖の国物語』全10巻、外伝1巻　ポール・スチュワート作／
クリス・リデル 絵／唐沢則幸 訳（ポプラ社）
『女騎士アランナの娘アリーの物語』全4巻
タモラ・ピアス 作／本間裕子・久慈美貴 訳（PHP研究所）

7月

7月コラム
『絵本・ことばのよろこび』松居直 著（日本キリスト教団出版局）
『大人が絵本に涙する時』柳田邦男 著（平凡社）
『すきまのじかん』アンネ・エルボー 作／大本栄 訳（ひくまの出版）
『エリカ 奇跡のいのち』
ルース・ジー 文／ロベルト・イノセンティ　絵／柳田邦男 訳（講談社）

8月（9月の準備）

『地球たんけんたい4　地震だ！』フランクリン・M・ブランリー 文／
リチャード・ローゼンブラム 絵／神鳥統夫 訳（リブリオ出版）
『あっちゃんあがつく』さいとうしのぶ 文／絵／みねよう 原案（リーブル）
『かかし』ロバート・ウェストール 作／金原瑞人 訳（徳間書店）
『ちいさな くし』M・ポプルトン 原作／掛川恭子 文／佐野洋子 絵（福音館書店）

9月

『月夜のオーケストラ』イェンス・ラスムス 作／斎藤洋 訳（小学館／品切れ）
『ぶす』内田麟太郎 文／長谷川義史 絵
『かきやまぶし』同上／大島妙子 絵
『かたつむり』同上／かつらこ 絵
『うそなき』同上／マスリラ 絵
『かみなり』同上／よしながこうたく 絵（以上ポプラ社）
『これだけは読みたいわたしの古典　能・狂言』今西祐行 文（童心社）
『さいでっか見聞録』浅倉田美子 絵（偕成社）

『小学生日記』hanae* 著（角川書店）
『ひとりの時間』華恵 著（筑摩書房）
『たんじょうび』ハンス・E・フィッシャー 作／大塚勇三 訳（福音館書店）

10月

『ひみつ』クリストフ・ル・マスヌ 文／アラン・シッシュ 絵／石津ちひろ 訳（評論社）
『ドングリ』こうやすすむ 作／絵（福音館書店）
『木の実の恐竜たち』中山圭子 作（トンボ出版）
『秋のお天気　たのしいお天気学３』渡辺和夫 著（小峰書店／品切れ）
『あきのほし』かこさとし 著（偕成社）
『たんぽぽ』平山和子 文／絵（福音館書店）

11月

『ばばばあちゃんのなぞなぞりょうりえほん　むしぱんのまき』
さとうわきこ 作／佐々木志乃 協力（福音館書店）
『キウイじいさん』渡辺茂男 著／長新太 絵（クレヨンハウス）
『ルドルフとイッパイアッテナ』斉藤洋 著／杉浦範茂 絵（講談社）
『たくさんのふしぎ　大根はエライ』久住昌之 文／絵（福音館書店）
『たくさんのふしぎ カモノハシのなぞ』羽田節子 文／藤井厚志 絵（福音館書店）
『たくさんのふしぎ 似たもの動物園』川道武男 文／田中豊美 絵（福音館書店）

12月

『ふたりはともだち』アーノルド・ローベル さく／三木卓 訳（文化出版局）
『ぐりとぐら』中川李枝子 文／大村百合子 絵（福音館書店）
「１４ひきのねずみ」シリーズ　いわむらかずお 作（童心社）
「ミス・ビアンカ」シリーズ　マージェリー・シャープ 作／
ガース・ウィリアムズ 絵／渡辺茂男 訳（岩波書店／一部品切れ）
「編集長ジェロニモ」シリーズ
ジェロニモ・スティルトン 著／郷田千鶴子 訳（フレーベル館）

1月

『たくさんのふしぎ　しめかざり』森須磨子 文／絵（福音館書店）
『エルマーのぼうけん』ルース・スタイルス・ガネット 作／
ルース・クリスマン・ガネット 絵／渡辺茂男 訳（福音館書店）

『エルマーとりゅう』同上
『エルマーと１６ぴきのりゅう』同上
『なんでもただ会社』
ニコラ・ド・イルシング 作／三原紫野 絵／末松氷海子 訳（日本標準）
『ふしぎなテレビのいじわる作戦』
ニコラ・ド・イルシング 作／かみやしん 絵／末松氷海子 訳（文研出版）

2月

『おにたのぼうし』あまんきみこ 文／いわさきちひろ 絵（ポプラ社）
『オニの生活図鑑』ヒサクニヒコ 文／絵（国土社）

テーマ別紹介書籍例（館内展示など）

4月「タンポポ」

『たんぽぽ』平山和子 文／絵（福音館書店）
『たんぽぽ 先生あのね』宮川ひろ 作／長谷川知子 絵（ポプラ社）
『ぼくらの教室先生三人たんぽぽ先生あのね』同上
『ふしぎやさん』林原玉枝 作／はらだたけひで 絵（アリス館）
『タンポポ空地のツキノワ』あさのあつこ 作／長谷川知子 絵（新日本出版社）
『たんぽぽ』甲斐信枝 作・絵（金の星社）
『れんげたんぽぽ』三和泉 著（新風舎／絶版）
『ごみむしくんとたんぽぽさん』あおきみほ 作／かばたまりこ 絵（新風舎／絶版）
『たんぽぽ』丘修三 作／長野ヒデ子 絵（小峰書店）
『たんぽぽの家』佐藤州男 作／田中槙子 絵（文研出版／品切れ）
『たんぽぽ色のリボン』安房直子 文／南塚直子 絵（小峰書店／品切れ）
『やさしいたんぽぽ』安房直子 文／南塚直子 絵（小峰書店）
『ポッケのたんぽぽサラダ』舟崎克彦 作（理論社／品切れ）
『ほしとたんぽぽ』金子みすゞ 作／上野紀子 絵（JULA 出版局）
『親子で楽しむ四季の草花遊び』小林正明 著（日東書院本社）、

『草花遊び図鑑』小林正明 著／小林茉由 絵（全国農村教育協会）

4月「オリエンテーションで読み聞かせる本」

『としょかんへいくピープちゃん』クレシッダ・コーウェル 作／佐藤見果夢 訳（評論社）

『ビバリー としょかんへいく』アレクサンダー・スタッドラー 作／まえざわあきえ 訳（文化出版局）

『がちょうのペチューニア』ロジャー・デュボアザン 作／松岡享子 訳（冨山房）

『としょかんライオン』ミシェル・ヌードセン 作／ケビン・ホークス 絵／福本友美子 訳（岩崎書店）

『コアラとお花』メアリー・マーフィー 作／ひだみよこ 訳（ポプラ社／品切れ）

5月「運動会」

『らくだいにんじゃらんたろう にんタマ三人ぐみのこれぞにんじゃの大運動会だ !?』尼子 騒兵衛 作／絵（ポプラ社）

『やまんばあさんの大運動会』富安陽子 作／大島妙子 絵（理論社）

『ズッコケ三人組の大運動会』那須正幹 作／前川かずお 原画／高橋信也 絵（ポプラ社）

『山のかぼちゃ運動会』最上一平 作／渡辺有一 絵（新日本出版社）

『おばけうんどうかい』矢玉四郎 作／絵（PHP 研究所）

『むしたちのうんどうかい』得田之久 文／久住卓也 絵（童心社）

『オタマジャクシのうんどうかい』阿部夏丸 作／村上康成 絵（講談社）、

『とんぼのうんどうかい』かこさとし 作（偕成社）

『ともちゃんとこぐまくんのうんどうかい』あまんきみこ 文／西巻茅子 絵（福音館書店／品切れ）

『カメヤマカメタのうんどうかい』ふなざきよしひこ 文／なんけこうじ 絵（草土文化）

『じょうずになろう はしること』宮下充正 監修／武藤芳照他 文（評論社）

『よーいどんけついっとうしょう』梅田俊作・佳子 作／絵（岩崎書店）

5月「走ること」

『一瞬の風になれ』１～３　佐藤多佳子 著（講談社）

『カゼヲキル』１～３　増田明美 著（講談社）

『走る少女』佐野久子 作／杉田比呂美 絵（岩崎書店）

『走れセナ！』香坂直 作（講談社）

『ららのいた夏』川上健一 作（集英社）

5月から6月「雨の本」

『あめふり』さとうわきこ さく／え（福音館書店）

『なかなおり』シャーロット・ゾロトウ 文／
アーノルド・ローベル 絵／みらいなな 訳（童話屋）

『あめふりのおおさわぎ』デイビッド・シャノン 文／絵（評論社）

『ピッツアぼうや』ウィリアム・スタイグ 文・絵（セーラー出版）

『あめがだーいすき』そうまこうへい 作／かとうあやこ 絵（佼成出版）

『雨』戸渡阿見 作／ゆめのまこ 絵（たちばな出版）

『ウォートンとモートンのだいひょうりゅう』ラッセル・E・エリクソン 作／
ローレンス・ディ・フィオリ 絵／佐藤涼子 訳（評論社）

『雨はこびの来る沼』筒井頼子 作／梶山俊夫 画（福音館書店）

『雨やどりはすべり台の下で』岡田淳 作／伊勢英子 絵（偕成社）

『あしたのてんきははれ？　くもり？　あめ？（かがくのとも傑作集）』
野坂勇作 文（福音館書店）

『台風にのる』ジョアンナ・コール 作／
ブルース・ディーギン 絵／藤田千枝 訳（岩波書店）

『森田さんのおもしろ天気予報』森田正光 著(ポプラ社)

『雨ニモマケチャウカモシレナイ』芝田勝茂 作／青井芳美 絵（小峰書店）

『雨のせいかもしれない』高田桂子 作／山野辺若 絵（偕成社）

『雨ふり花さいた』末吉暁子 作／こみねゆら 絵（偕成社）

『雨ふる本屋』日向理恵子 作／吉田尚令 絵（童心社）

9月「せんせい」

『せんせい』大場牧夫 文／長新太 絵（福音館書店）

「つんつくせんせい」シリーズ　たかどの ほうこ 作／絵（フレーベル館）

『天小森教授、宿題ひきうけます』野村一秋 作／南伸坊 絵（小峰書店）

『先生のつうしんぼ』宮川ひろ 著／小野かおる 絵（偕成社）

『先生は魔法つかい？』プロイスラー 著／中村浩三 訳（偕成社／品切れ）

『兎の眼』灰谷健次郎 著（理論社）

『先生は笑わせマン』大沢宏子・渡辺嘉孝　著（偕成社／品切れ）

『むらさき先生のふしぎなスカート』北村想 著／しまむらゆかり 絵（あかね書房／品切れ）
『ジュン先生がやってきた！』後藤竜二 作／福田岩緒 絵（新日本出版社）
『まんげつ小学校の夜』高安陽子 作／花之内雅吉 絵（新日本出版社）
『ぼくたちは池田先生をわすれない』小川陽子 文／保田義孝 絵（偕成社／品切れ）
『エヴァ先生のふしぎな授業』ガヴァンデル 著／川上邦夫 訳（新評論）
『加木九太郎校長先生』鈴木喜代春 著／渡辺あきお 絵（国土社／品切れ）
『四年三組のはた』宮川ひろ 作／武部本一郎 絵（偕成社）
『こんにちはアグネス先生』ヒル 作／朝倉めぐみ 絵／宮木陽子 訳（あかね書房）
『みみずのカーロ』今泉みね子 著（合同出版）
『わおう先生、勝負！』村中李衣 作／藤田ひおこ 絵（あかね書房）
『ありがとう、フォルカー先生』ポラッコ 著／香咲弥須子 訳（岩崎書店）
『菜の子先生は大いそがし』富安陽子 作／ Yuji 画（福音館書店）
『菜の子先生がやってきた！』同上
『けんかのきもち』柴田愛子 文／伊藤秀男 絵（ポプラ社）
『先生はシマンチュー年生』灰谷健次郎 著／坪谷令子 絵（童心社／品切れ）
『先生のおとおりだい！』中野みち子 作／多田ヒロシ 画（理論社／品切れ）
『びゅんびゅんごまがまわったら』宮川ひろ 作／林明子 絵（童心社）
『機関車先生』伊集院静 著（講談社他）
『ぼくらの先生！』はやみねかおる 著（講談社）

12月「クリスマス」

『おもいでのクリスマスツリー』グロリア・ヒューストン 文／
バーバラ・クーニー 絵／吉田新一 訳（ほるぷ出版）
『急行「北極号」』C・V・オールズバーグ 文／絵／村上春樹 訳（あすなろ書房）
『クリスマスのまえのばん』クレメント・C・ムーア 文／
ターシャ・テューダー 絵／中村妙子 訳（偕成社）
『馬小屋のクリスマス』アストリッド・リンドグレーン 文／
ラーシュ・クリンティング 絵／うらたあつこ 訳（ラトルズ）
『聖なる夜に』ピーター・コリントン 作（BL 出版）
『クリスマス』バーバラ・クーニー 作／安藤紀子 訳（長崎出版）
『フィンダスのクリスマス』スベン・ノルドクビスト 作／

すどうゆみこ 訳（JICC出版局／絶版）
『さむがりやのサンタ』レイモンド・ブリッグズ 作／菅原啓州 訳（福音館書店）
『ぎんいろのクリスマスツリー』パット・ハッチンス 文／絵／渡辺茂男 訳（偕成社／品切れ）
『シモンとクリスマスねこ』レギーネ・シントラー 文／
ジータ・ユッカー イラスト／下田尾治郎 訳（福音館書店）
『クリスマスの短編』キャサリン・パターソン 著／中村妙子 訳（すぐ書房）
『とびきりすてきなクリスマス』リー・キングマン 作／
バーバラ・クーニー 絵／山内玲子 訳（岩波書店）
『ウォートンのとんだクリスマス・イブ』ラッセル・E・エリクソン 作／
ローレンス・ディ・フィオリ 絵／佐藤凉子 訳（評論社）
『メグ・アウル　ミステリアス・クリスマス2』ギャリー・キルワース ほか著／
安藤紀子 ほか訳（パロル舎）
『おそうじむすめリリーのクリスマス』たかどのほうこ 作／絵（佼成出版社）
『クリスマスの幽霊』ロバート・ウェストール 作／
ジョン・ロレンス 絵／坂崎麻子・光野多恵子 訳（徳間書店）
『クリスマスには おきてて くまさん』カーマ・ウィルソン 文／
ジェーン・チャップマン 絵／成沢栄里子 訳（BL出版）
『パディントンのクリスマス』マイケル・ボンド 作／
ペギー・フォートナム 画／松岡享子 訳（福音館書店）
『マドレーヌのクリスマス』ルドウィッヒ・ベーメルマンス 著／江國香織 訳（BL出版）
『クリスマスキャロル』チャールズ・ディケンズ 作／こだまともこ訳（講談社）

1月「お正月」

『発見！ 体験！　日本の食事(6)もち』次山信男 監修（ポプラ社／品切れ）
『日本の年中行事百科　民具で見る日本人のくらしQ ＆ A　正月』
岩井宏實 監修（河出書房新社）
『新・きょうはなんの日1月・2月』次山信男 監修／小川洋・高田勝弘・高田由貴 文（ポプラ社）
『しばわんこの和のこころ』川浦良枝 文／絵（白泉社）
『もうすぐおしょうがつ』寺村輝夫 作／いもとようこ 絵（あかね書房）
『おせちいっかのおしょうがつ』わたなべ あや 作（佼成出版社）
『ソルビム』ペ・ヒョンジュ 作／ピョン・キジャ訳（セーラー出版）

『お正月さん』奥田継夫 作／太田大八 絵（ポプラ社／品切れ）
『はつてんじん』川端誠 作（クレヨンハウス）
『あけましておめでとう』中川ひろたか 文／村上康成 絵（童心社）
『１０ぴきのかえるのおしょうがつ』間所ひさこ 文／仲川道子 絵（PHP 研究所）
『おしょうがつこびとのおはなし』まついのりこ 作（童心社）
『こぞうのはつゆめ』長谷川摂子 文／長谷川義史 絵（岩波書店）
『おばあちゃんのおせち』野村たかあき 作（佼成出版社）
『着物のえほん』高野紀子 作（あすなろ書房）

2月「鬼の本」

『いっすんぼうし』
『こぶとりじいさん』
『ももたろう』
『島ひきおに』山下明生 文／梶山俊夫 絵（偕成社）
『島ひきおにとケンムン』同上（品切れ）
『ゼラルダと人喰い鬼』トミー・ウンゲラー 文／田村隆一・麻生九美 訳（評論社）
『ソメコとオニ』斎藤隆介 作／滝平二郎 絵（岩崎書店）
『おにのめん』川端誠 作（クレヨンハウス）
『ふくはうち おにもうち』内田麟太郎 作／山本孝 絵（岩崎書店）
『じごくのそうべえ』田島征彦 作（童心社）
『ないた赤おに』浜田廣介 作（金の星社）
『なきむしおにごっこ』おのりえん 作／降矢奈々 絵（ポプラ社）
『こおにと山んじい』おのりえん 作／さもじろう 絵（佼成出版社）
『メメント・モーリ』おのりえん 作／平出衛 絵（理論社）
『鬼の橋』伊藤遊 作／太田大八 画（福音館書店）

2月「中学年にすすめる本」

絵本の次に

『火よう日のごちそうはひきがえる』ラッセル・E・エリクソン 作／ローレンス・ディ・フィオリ 絵／佐藤涼子 訳（評論社）
『ポアンアンのにおい』岡田淳 作（偕成社）
『タンポポ空地のツキノワ』あさのあつこ 作／長谷川知子 絵（新日本出版社）

『ねこのパーキンスのおみやげ』リンダ・イェトマン 作／
河本祥子 絵／久米穣 訳（偕成社）
『チム・ラビットのぼうけん』アリスン・アトリー 作／
中川宗弥 画／石井桃子 訳（童心社）
『リラのおどり場』スー・アレクサンダー 作／
広野多珂子 絵／清水 奈緒子 訳（文研出版）
『百まいのドレス』エレナー・エスティス 作／ルイス・スロボドキン 絵（岩波書店）
『ろうかのいちばんおくの教室は』ダグラス・エバンス 作／ラリーディ・フィオリ 絵
／清水奈緒子 訳（ＰＨＰ研究所）
『口で歩く』丘修三 作／立花尚之介 絵（小峰書店）
『はりねずみイガー・カ・イジー』おのりえん 作／久本直子 絵（理論社）
「小さなスズナ姫シリーズ」富安陽子 著／飯野和好 絵（偕成社）
『パオにいちゃんの魔法のスープ』上條さなえ（汐文社）
『ぼくの・トモダチのつくりかた』さとうまきこ 作／杉田比呂美 絵（ポプラ社）
『真夜中マイフレンド』斉藤洋 作／藤田裕美 絵（佼成出版社）
『ざしきわらし一郎太の修学旅行』柏葉幸子 作／岡本順 絵（あかね書房）
『ぼくだけ知ってるザリベエのひみつ』木村裕一 作（ポプラ社／品切れ）
『かいぞくオネション』山下明生 作／小泉るみ子 絵（岩崎書店）
「つるばら村シリーズ」茂市久美子 作／中村悦子・柿田ゆかり 絵（講談社）
『かげまる』矢部美智代 作／狩野富貴子 絵（毎日新聞社）
『天使のかいかた』なかがわちひろ 作／絵（理論社）

長い物語が読める中学年に

「ドリトル先生」シリーズ　ヒュー・ロフティング 作／絵／井伏鱒二 訳（岩波書店）
「リンドグレーン　作品集」アストリッド･リンドグレーン 作／大塚勇三 訳（岩波書店）
『冒険者たち』斎藤惇夫 作／薮内正幸 絵（岩波書店）
『黒ねこの王子カーボネル』バーバラ・スレイ 作／山本まつよ 訳（岩波書店）
『クマのプーさん』A・A・ミルン 作／
E・H・シェパード 絵／石井桃子訳（岩波書店）
『グレイ・ラビットのおはなし』 アリスン・アトリー 作／
石井桃子・中川李枝子 訳（岩波書店）

解説で紹介した資料

『学校図書館』全国学校図書館協議会
『子どもの本棚』日本子どもの本研究会
『子どもと読書』親子読書地域文庫全国連絡会
『子どもの本』日本児童図書出版協会
『あうる』NPO 図書館の学校
『教室・学校図書館で育てる小学生の情報リテラシー』鎌田和宏著（少年写真新聞社）
E スクエア・プロジェクト 校務テンプレート、図書館
http://www.cec.or.jp/E-square/Tplate/shou_main.html

協働して発展する学校図書館

協働して発展する学校図書館と吉岡さんの仕事

元東京学芸大学附属世田谷小学校教諭・帝京大学教授　鎌田和宏

本書上梓のきっかけの一つに、私の懇願がある。「吉岡さんが取り組んできた先生たちと連携・協働して学校図書館を発展させ、授業や教育活動を豊かにしていった取り組みは学校図書館に期待を寄せる人の役に立つから」と当初乗り気ではなかった吉岡さんを説き伏せた。学校図書館に人が配置されると学校図書館は生まれ変わる。鍵のかかる本の倉庫から、子どもたちが足しげく通う場と変わる。しかしながらより多くの子どもたちが読書を自らの生き甲斐や学びの方法として位置づけ、図書館や読書をそれぞれの問題解決の重要な道具にしていくには、教師が学校図書館を活用して学びを創り出そうとしていくことが不可欠である。吉岡裕子さんは教師の目を学校図書館に向けさせ、協働を生み出していく辛抱強いコーディネーターであった。本書では、吉岡さんの学校図書館作りと読書指導、協働に向けての取り組みを、新年度の準備を始める三月からスタートして、一年間、月ごとに示していただいた。ここから彼女の構えと仕事の実際を読み取っていただけただろうか。

私が吉岡さんと出会ったのは一九九一年の四月、東京学芸大学附属世田谷小学校である。

その年、私は東京都の公立学校から異動してきた。吉岡さんの着任は一九八九年とのこと。附属世田谷小学校では先輩である。専任の学校司書で、子どもたちが学校にいる時間帯はもとより、教師と同じ時間帯をフルタイムで勤務されている。着任当時の私にとって、学校図書館とは週に一度、図書の時間に子どもたちを連れて本の貸し借りを行う場であり、それ以上のことは考えていなかった。私は本が好きだということで、時折吉岡さんに本をすすめてもらったりして学校図書館と良好な関係が続いていたと思う。子どもたちは吉岡さんが選書する数々の素敵な本で読書に親しんでいた。「センスのいい子どもの本の専門家」が私の当時の彼女の評価である。

それが変わったのは私が学習資料部の担当になってからだ。勤務校の学校組織では学校図書館は学習資料部という分掌に所属している。この分掌は学校図書館だけでなく、コンピュータ室の運営・管理と、子どもと先生たちの資料支援（教科書・指導書・教員用の参考図書や雑誌の購入管理等）も担当している。今にしてみれば、学校教育を情報面から総合的にサポートするよく考えられた校務分掌だと思う。私は校内では多少コンピュータに明るいと見られており、当時学校に入ってきたコンピュータの利活用をどうするか考え実践することも役割となっていた。だから学校図書館のことはと言えば国語研究部の先生と吉岡さんにお任せで予算のことだけにかかわっていたように思う。コンピュータの教育利用は自分が仕事でも使っているから見当がついたのだが、インターネットを使ってどのような教育実践ができるかの試行が難しかった。表現の場としてウェブサイトを作ることの可能性は感じたが、ウェブサイトを検索して調べ学習に利用できないかと試したものの、子どもたちはなかなかサイトの情報を読み取れない。また、そのサイトの情報自体の真偽性判断は基礎的な知識を獲得しながら学んでいく子どもたちにはハードルの高い行為であった。そんなところで悩んでいる私に吉岡さんが「いい方法があるわよ」と教えてくれたのが学校図書館を使った調べ学習であった。なるほど、学校図書館の本などの資料は、吉岡さんの吟味を経た信頼性の高い資料であるし、また子ども向けに書かれているからわかりやすい。また資料のさがし方のノウハウはすでに蓄積されたものがあるのだ。そして時折吉岡さんが「鎌田さんが使うんじゃないかと思ってこんな資料、用意しておいたわよ」と声を掛けられる。そろそろ実践しようと思っている単元に関連した資料を、頼まないうちから準備しておいてくれるのである。「かゆいところに手が届く」どころではなく、こちらの仕事のありようをしっかりととらえ、可能性を引き出してくれることさえある頼もしいパートナーなのである。吉岡さんはそうやって、一人ひとり教師を学校図書館へと誘ってきたのである。学校図書館を調べ学習の実践や学校図書館を活用した授業実践で使うようになってからあらためて吉岡さんの仕事の素晴らしさに気づいた。その素晴らしさは次の三点に集約されるだろう。

①子どもの本・学校図書館の専門家としての力量を持ち、常に学び続けている。

②学校の教育活動について関心を持ち、学校の課題・動きや、教師それぞれの課題・動きをつかみ、それに貢献するよう学校図書館経営をしている。

③子どもについて、担任教師とは違った角度からの長期的・継続的な理解を持ち、それを積極的に担任教師に還元しようとしている。

①について。彼女は東京学芸大学学校図書館運営専門委員会の中核メンバーとして附属学校の司書教諭・学校司書の連携・協力と実践高度化の牽引役である。また、民間の学校図書館の研究団体にも所属し活発に活動している。フットワークよく、研修会や学校図書館の見学に出かけている。専門家の条件に自ら専門性を高める努力をするということがあるが、まさしく吉岡さんはそういった意味でも子どもの本、学校図書館の専門家である。本書の各所に、季節や行事、学習主題に応じた本が紹介されているが、そこからもわかっていただけるであろう。

②について。本書の核心部分である。学校図書館法では、学校図書館はそれぞれの学校の教育課程の展開に寄与することが示されている。ここで言う教育課程とは、学校の教育活動の全体である。学校図書館が教育課程の展開に寄与するためには学校がどのようなこ

とを課題とし、何を行っているのかが理解されていないと、寄与のしようがないわけである。吉岡さんは長く勤めている利点を生かして—学校図書館作りは短期間ではなし得ない仕事であるし、教師との協働にはより多くの時間が必要である—時々の学校の課題、一人ひとりの教師の実践上の課題、学校行事等の場をとらえて、学校図書館の活用を位置づけようと働きかけてこられた。このような働きかけは性急すぎると実を結ばぬことも多いが、吉岡さんは粘り強くじっくりと理解者を増やし取り組んでこられた。吉岡さんとの協働の基盤には教育者としての吉岡さんへの信頼が大きいと思う。人手が足りない学校行事の引率や様々な行事に、快く手を貸してくれる。梅雨いまだ明けぬ冷たい千倉の海に入ってもらって子どもの指導にあたってもらったことも一度や二度ではない。学校図書館の専門職であるからそんなことはしなくてもとの声も聞こえそうだが、子どものためだったらと快く力を貸してくれる吉岡さんの姿に私たち教師は志を同じくする学校のスタッフとしての連帯感・信頼感を感じている。

③について。附属世田谷小学校では、多くの場合、教師は一～二年間子どもを担任していた。ところが、学校図書館のカウンター越しに吉岡さんは六年間の子どもの成長を、それぞれの時期の担任教師と共有し見守っているのである。教師との協働には子どもに関する情報の共有が欠かせない。学校図書館を活用した学びの場では、一人ひとりがそれぞれ

の課題を持って行う学習や、数人のグループで問題解決に取り組む学習がよく見られる。そういった個に応じて展開する学びの支援には、その子どものことがわかっているということが重要である。吉岡さんと教師で、その時々の子どもの課題や状況を共有・確認しながら学習の計画を立て、進めていくことになる。こう書くと、なにやら会議をしてといった感じだがそうではない。附属世田谷小学校では職員室でお茶を飲みながら子どもの話や学級の話、授業の話をすることが多い。そんな輪の中に吉岡さんもいるのである。一月掲載の松本大介先生との協働もそんなふうにして生まれた。

このように書いてきて、「吉岡さんの仕事って司書教諭の仕事じゃないの?」と思われた方がいるかもしれない。実際吉岡さんは教員免許も司書教諭資格も持っている。しかし資格の問題よりも何よりも、吉岡さんが、学校図書館を子どもたちの成長に役立てたいと思い、できることは何でも提案し、実践していることが重要なのだと思う。もちろん、学校司書や司書教諭、それぞれ固有の役割はある。しかし、子どもの前に立ったらその子の成長を支える学校のスタッフなのである。あれはできるけれどこれはできないとは言っていられない現実がある。吉岡さんは学校司書であることにこだわりを持たれていると思うのだが、私は吉岡さんの同じ学校のスタッフとしての立ち位置こそが重要に思われて仕方がない。

最後に、拙著『教室・学校図書館で育てる　小学生の情報リテラシー』（少年写真新聞社二〇〇七年）をご覧いただきたい。吉岡さんの学校図書館作り、協働への働きかけに支えられた教師側の成果を見ていただくことができるであろう。

吉岡 裕子 東京学芸大学附属世田谷小学校 司書

東京都出身。私立の女子中学・高校で３年間図書館に勤務。

1989 年 4 月から東京学芸大学附属世田谷小学校で学校図書館司書として勤務、現在に至る。

『先生と司書が選んだ調べるための本』（少年写真新聞社）、『鍛えよう！ 読むチカラ』（明治書院）に司書の立場から執筆。また、東京学芸大学学校図書館運営専門委員会のメンバーとして、2009 年より「先生のための授業に役立つ学校図書館活用データベース」（http://www.u-gakugei.ac.jp/~schoolib/）の運営に携わる。

鎌田 和宏 帝京大学教育学部・教職大学院教授

東京学芸大学、同大学院教育学研究科修了、東京都立学校、東京学芸大学附属世田谷小学校を経て 2008 年より帝京大学文学部教育学科専任講師、2013 年より現職。信州大学司書教諭資格取得講座、放送大学司書教諭科目「学習指導と学校図書館」を担当。専門は教育方法学・教師教育。社会科・総合学習・生活科を中心にして、授業構成・授業分析・メディアを利用した学習活動、学校図書館の活用等を研究。著書に『教室・学校図書館で育てる　小学生の情報リテラシー』『先生と司書が選んだ調べるための本』（いずれも少年写真新聞社）等がある。

協働する学校図書館　―子どもに寄り添う12か月―

2013年8月9日　第2刷発行
著　者　吉岡裕子
発行人　松本　恒
発行所　株式会社 少年写真新聞社
〒102-8232　東京都千代田区九段南4-7-16市ケ谷KTビルⅠ
Tel（03）3264-2624　Fax（03）5276-7785
http://www.schoolpress.co.jp
印刷所　図書印刷株式会社

ISBN 978-4-87981-357-2　C3037

イラスト・カバーデザイン：中村光宏　編集：藤田千聡　DTP：服部智也　校正：石井理抄子　編集長：野本雅央